Gustav Kohfeldt

Zur Ästhetik der Metapher

Gustav Kohfeldt

Zur Ästhetik der Metapher

ISBN/EAN: 9783743429161

Hergestellt in Europa, USA, Kanada, Australien, Japan

Cover: Foto ©ninafisch / pixelio.de

Manufactured and distributed by brebook publishing software (www.brebook.com)

Gustav Kohfeldt

Zur Ästhetik der Metapher

Zur

Ästhetik der Metapher.

Inaugural-Dissertation

zur

Erlangung der Doktorwürde

einer hohen philosophischen Fakultät zu Rostock

im Januar 1892 vorgelegt

von

G. Kohfeldt,

cand. phil.

Referenten:

Herr Professor Dr. H. von Stein
  „   „   „ Bechstein
  „   „ Schwartz.

Vita:

Verfasser vorliegender Arbeit wurde 1867 in Neukalen in Mecklenburg-Schwerin geboren. Er studierte nach Erlangung des Maturitätszeugnisses seit Ostern 1887 auf den Universitäten Berlin, Jena, München, Rostock Philosophie und Philologie.

Inhalt.

I. Geschichte und Litteratur . . . . .
II. Erstes Kapitel.
    Psychologische Erörterung . .
    Zweites Kapitel.
    Begriff und Einteilung . . .
    Drittes Kapitel.
    Ästhetik . . . . .

I. Geschichte und Litteratur.

Die Tropen und Figuren sind von alters her der Gegenstand zahlloser Untersuchungen gewesen: In Einzel-Abhandlungen, in den Lehrbüchern der Rhetorik, Poetik, Grammatik und allgemeinen Ästhetik wird die Lehre von diesen sprachlichen Erscheinungen entwickelt und zwar häufig in einer Weise, dass man vor der Breite und Ausführlichkeit erschrecken möchte. Und doch findet sich kaum ein Einziger unter den vielen Ästhetikern neuerer und neuester Zeit, der nicht, sobald er an die Tropen und Figuren kommt, in die Klage ausbricht, dass diese ganze Lehre äusserst verunstaltet und unphilosophisch sei und dringend der Reform bedürfe. Trotzdem wird, wer auch immer diese Dinge studieren und verstehen will, nicht umhin können, sich eine genügende Kenntnis von den bisherigen Auffassungen zu ver-

[1] Nicht die Metapher im engeren Wortsinne bildet das Thema der vorliegenden Arbeit. Eine Betrachtung der Metapher bezüglich ihrer ästhetischen Wirksamkeit ist nur fruchtbringend, wenn auch die verwandten sprachlichen Hilfsmittel berücksichtigt werden. So sind es denn die ästhetischen Entwickelungs- Veranschaulichungs- oder Individualisierungsfiguren überhaupt, mit denen sich die folgenden Bogen beschäftigen. Die Metapher als die hervorragendste und bekannteste Form derselben dürfte in einer kurzen Überschrift die Gesamtheit jener Figuren vertreten.

schaffen, denn nur so kann einige Aussicht auf erfolgreiches Arbeiten in diesem so oft durchforschten Gebiet vorhanden sein. Der Verfasser vorliegender Untersuchung glaubt deshalb zunächst eine geschichtliche Übersicht geben zu sollen — nicht als ob er damit die sichere historische Basis seiner Arbeit rechtfertigen könnte und wollte, sondern weil er der Meinung ist, dass eine geschichtliche Zusammenstellung der verschiedenen Auffassungen an sich einen gewissen Wert hat, insofern sie nämlich die Frage zu beantworten sucht: Wie hat man sich das Wesen und das ästhetische Verhalten der sprachlichen Figuren gedacht? — Bei der Darstellung dieser Ansichten handelt es sich jedoch so wenig um ein Eingehen ins Einzelne oder gar ein genetisches Entwickeln, dass vielmehr in grösstmöglichster Kürze nur das angedeutet werden soll, was der betreffende Autor für den eigentlichen Kern der Sache hält. In vielen Fällen wird das schon aus den Einteilungen, Definitionen und einzelnen Bemerkungen erhellen, in anderen dagegen ist nur durch sorgfältiges Prüfen der ganzen Darstellung Einblick in das zu gewinnen, was der Autor für das in ästhetischer Hinsicht Wesentliche ansieht. Wo ein philosophischer Standpunkt überhaupt fehlt, wo statt Untersuchungen über Wesen und Natur nur die herkömmlichen Erklärungen der einzelnen Wendungen gegeben werden, soweit sie für die Praxis des Redners, Schriftstellers und Dichters nötig, sind wir in einem Gebiete, welches für die hier beabsichtigte Untersuchung leer und unfruchtbar ist.

"Es ist bekannt, dass sich sprachliche Untersuchungen bei den Griechen bereits in sehr früher Zeit finden; vor dem Platonischen Kratylus sind es besonders die Sophisten, die über die Natur der Sprache Forschungen anstellen[1]). Für unsern Zweck jedoch können diese Bestrebungen übergangen werden, denn von einer Betrachtung der sprachlichen Elemente nach ihrer ästhetischen Seite kann erst bei Aristoteles die Rede sein. Es ist notwendig, bei den Ausführungen des Aristoteles etwas länger zu verweilen; einmal, weil er der

---

Vgl. Alberti, Sprachphilosophie vor Plato (Philologus IX, 1856) und Lersch, Sprachphil. der Alten 1843.

erste ist, der sich eingehender mit der Sache beschäftigt hat, und zweitens weil so und so viele Schriftsteller der späteren Zeiten auf ihn zurückgehen. — Aristoteles spricht über den metaphorischen Ausdruck im dritten Buch der Rhetorik und im 21. und 22. Kapitel der Poetik. Nach dem dort Gesagten will ich versuchen, in folgendem eine Skizze des Was, Wie und Warum der Aristotelischen Ansicht zu geben.

Die Metapher ist die Übertragung eines Wortes, entweder von der Gattung auf die Art, oder von der Art auf die Gattung, oder von der einen Art auf die andere, oder nach der Analogie (cf. Poet. cap. 21). In der Poetik sowohl wie in der Rhetorik werden diese Wortübertragungen in engste Verbindung gebracht mit den Provinzialismen, Fremdwörtern, Neubildungen und Änderungen in der Wortform. Sie alle dienen dazu, die Sprache aus der Sphäre des Alltäglichen und Gewöhnlichen herauszuheben. Σεμνὴ δὲ καὶ ἐξαλλάττουσα τὸ ἰδιωτικὸν ἡ τοῖς ξενικοῖς κεχρημένη, Poet. cap. 22 und ferner: ξενικὸν δὲ λέγω γλῶτταν καὶ μεταφοράν καὶ ἐπέκτασιν καὶ πᾶν τὸ παρὰ τὸ κύριον. Das Neue, Überraschende, Pointierte, Geistreiche (ἀστεῖον) ist in allem diesen für den feingebildeten Athener das Wesentliche. Darum giebt Aristoteles an mehreren Stellen als fundamentalen Grund des Gefallens der Metapher an, dass sie dem Hörer etwas Neues biete: δεῖ ποιεῖν ξένην τὴν διάλεκτον · θαυμασταὶ γὰρ τῶν ἀπόντων (ἄνθρωποι) εἰσίν, ἡδὺ δὲ τὸ θαυμαστόν, heisst es Rhet. III, 2 und weiter Rhet. III, 10: τὸ γὰρ μανθάνειν ῥᾳδίως ἡδὺ φύσει πᾶσιν ἐστίν, τὰ δὲ ὀνόματα σημαίνει τι, ὥστε ὅσα τῶν ὀνομάτων ποιεῖ ἡμῖν μάθησιν, ἥδιστα, αἱ μὲν οὖν γλῶτται ἀγνῶτες, τὰ δὲ κύρια ἴσμεν, ἡ δὲ μεταφορὰ ποιεῖ τοῦτο μάλιστα. — Über die Beschaffenheit einer guten Metapher giebt Aristoteles eingehende Vorschriften: Sie müsse nicht zu weit hergeholt sein, damit das Verständnis nicht ausbleibe, andererseits aber dürfe sie auch nicht allzu nahe liegen, nicht trivial sein: es müsse ein passendes Verhältnis (Proportion) zwischen dem Verglichenen vorliegen; es dürfe das Mass nicht überschritten werden, wofern nicht die Rede einen konfusen, frostigen oder komischen Eindruck machen solle. Wolle man schmücken, so sei die Metapher von einem edleren Gegenstand zu entlehnen, beim

Tadel von einem geringeren. Dabei kommt die Schönheit der Wörter zur Sprache; nach Licymnios besteht sie in Klang und Bedeutung. Das sei aber nicht ausreichend; eine andere Art von Schönheit sei noch darin zu finden, wenn das Wort in der Seele den Widerhall der mit der Sache verbundenen Lustgefühle wecke¹). So sei rosenfingrig schöner als purpurfingrig oder gar rotfingrig. Dies wird nun auf die Metapher angewendet: τὰς δὲ μεταφορὰς ἐντεῦθεν οἰστέον ἀπὸ καλῶν ἢ τῇ φωνῇ ἢ τῇ δυνάμει ἢ τῇ ὄψει ἢ ἄλλῃ τινὶ αἰσθήσει. Und hieran knüpft sich der Begriff der Lebendigkeit (den A. in der Poetik allerdings bei Seite lässt). In der Rhetorik erklärt er umständlich, was unter dem πρὸ ὀμμάτων ποιεῖν zu verstehen sei. Es handelt sich darum, Bewegung, Handlung, Leben zur Darstellung zu bringen." Doch schwebt Aristoteles hierbei in erster Linie die Personifikation, eine besondere Art der Metapher vor." Und es darf in keinem Falle aus jener Stelle herausgelesen werden, dass der Metapher überhaupt und als solcher das Aktuelle wesentliche sei.

Ich will es unterlassen, obiger Darstellung der Aristotelischen Auffassung kritische Bemerkungen folgen zu lassen; ich verweise auf den zweiten Teil vorliegender Dissertation. Man sieht indes leicht, dass, obgleich es nicht in der Absicht des Philosophen lag, die Lehre von der Metapher erschöpfend und allseitig zu behandeln, und obgleich das in der Poetik uns Vorliegende nur fragmentarischen Wert hat, — man sieht leicht, dass die Bemerkungen des Aristoteles von grosser Feinheit in psychologischer sowohl wie praktischer Hinsicht sind. Wenn wir nun finden, dass von den griechischen Schriftstellern, Rhetoren und Philosophen nach Aristoteles unendlich oft die Metaphernfrage (in Zusammenhang mit den Tropen und Figuren) behandelt worden ist, so sollte man annehmen, dass die, welche auf einem so festen Grund, wie dem durch Aristoteles gelegten, weiter zu bauen hatten, zu festen und gediegenen Ergebnissen müssten gekommen sein. Nichts aber von alledem. Was wir in den griechischen Lehrbüchern der Rhetorik und

---

cf. Diels, Über das III. Buch der Arist. Rhetorik, 1886 (Abh. d. k. preuss. Ak. d. W., S. 30 u. i. abw.

in den besonderen Abhandlungen über Tropen und Figuren finden, ist folgendes: Es werden Einteilungen gegeben und die einzelnen Arten erklärt d. h. für den praktischen Gebrauch des Redners und Schriftstellers beschrieben. Das ist alles. Mit Studien über das Wesen jener sprachlichen Elemente halten sich diese Arbeiten nicht auf. Man sehe sich daraufhin an Tryphon, π. τροπ., Kokondrios, π. τροπ., Hermogenes, τέχνη ῥητ. Gregorius den Korinthier, π. τροπ. Gregorius Choiroboscus π. τροπ. u. a.[1]). Ex eodem fere coque satis tenui rivulo sua derivasse videntur omnia, sagt Mützell[2]) von ihnen. Das allen Gemeinschaftliche ist, dass der Tropus eine Verschiebung eines Wortes in eine andere Begriffssphäre ist zum Zwecke des ποικίλλειν und ἀπὸ τοῦ χθαμαλοῦ ἐξαίρειν. Auch die sonst wichtige Schrift des Dionysios Halicarnass. περὶ συνθέσεως ὀνομάτων bringt in unserer Frage nichts wesentlich Neues, dasselbe gilt von der Schrift περί ὕψους (Longinus).

"Cicero, der sehr ausführlich über die Metapher handelt, fusst auf Aristoteles." Indem er nach den Gründen ihres Gefallens sucht, kommt er zu dem Ergebnis: id accidere credo vel quod ingeni specimen est quoddam transilire ante pedes posita et alia longe repetita sumere; vel quod singulis verbis res ac totum simile conficitur vel quod omnis translatio quae quidem sumpta ratione est, ad sensus ipsos admovetur; so De orat. III, 40. Cap. 41 heisst es, im ganzen mit dem aristotelischen πρὸ ὀμμάτων ποιεῖν übereinstimmend: haec vel summa laus est in verbis transferendis, ut sensum feriat id quod translatum sit; und zwar steht dieser Satz als Kausalvordersatz für die Folgerung, dass das Bild selbst nicht hässlich sein solle. Daraus, wie aus dem obigen geht hervor, dass C. den Gegenstand der Metapher nicht so sehr als Verkörperung einer Seite des Hauptgegenstandes, wie als selbständiges Bild für die Sinne fasst. Wäre ersteres der Fall, so müsste er von da

---

[1]) Gesammelt bei Spengel, Rhetores graeci und Walz, Rhetores graeci.

[2]) Mützell, De translationum quae vocantur apud Curtium usu. Gymn. Prog. Berl. 1812 S. 4.

aus die ästhetische Wirkung der Tropen zu erklären suchen. Eine solche specifisch ästhetische Betrachtungsweise liegt aber ihm ebenso wie den noch weit späteren Schriftstellern fern. Bis zum Aufblühen der modernen wissenschaftlichen Ästhetik sieht man im Grunde doch im Tropus immer nur das neue blendende Wort, das in der Regel eine heitere, glänzende Vorstellung zum Ausdruck bringt — daher die immer wiederkehrenden Bezeichnungen lumina, stellae, meteora etc. für die Tropen.

Besonders häufig geht man, wo es sich um Tropen und Figuren handelt, bis in die neueste Zeit auf Quintilians Ausführungen zurück. Allein was sich bei ihm findet, trägt doch mehr den Charakter einer technischen Anweisung. Seine Definition des Tropus ist: verbi vel sermonis a propria significatione in aliam cum virtute mutatio — also nicht abweichend von früheren. An dem Streit, der zwischen Grammatikern und Philosophen entbrannt sei betreffs der Klassificierung der verschiedenen Tropen und Figuren, hat er nicht Lust, sich zu beteiligen. (cf. Instit. orat. III, 6 ff.)

Horaz in seinem Brief an die Pisonen (ars poet.) streift den Gegenstand nur flüchtig. Dagegen haben wir mehrere specielle Abhandlungen, die von Halm in den Rhetores latini minores herausgegeben sind. Aber was von den griechischen derartigen Abhandlungen gilt, gilt in fast noch höherm Grade von denen der Römer. Alles was nur immer an Veränderungen in Wortform und Wortstellung vorkommen kann, wird sorgfältig registriert, die Zahl der Arten steigt ins Unglaubliche; allgemeine Erörterungen über Natur und Wesen dagegen fehlen gänzlich, oder, wenn etwas derartiges gegeben wird, sind es die bekannten Sätze: tropus est dictio translata a propria significatione . . ornatus necessitatisve causa. Rutilius Lupus (Schemata lexeos), Aquila Romanus (De fig. sent. et. eloc.), Julius Rufinianus (De fig.), Martianus Capella (De rhet. u a. gehören hierher. Sie alle geben dem angehenden Redner Unterweisungen, der diese Dinge genau studieren musste. Um ihm dies Studium zu erleichtern, brachte man auch die Erklärungen in Hexameter oder Distichen: es giebt solche carmina de figuris bei den Griechen wie bei den Römern, und die ars rhetorica des Ch. Fortunatianus behandelt mit derselben pädagogischen Tendenz das Thema katechismusartig in Fragen und Antworten.

Wenn wir von den Rhetoren erwarten durften, dass sie die Wortfiguren nach ihrer Wirkung, also nach ihrer ästhetischen Seite betrachteten, so liegt naturgemäss den Grammatikern diese Aufgabe fern. Charisius, Diomedes, Donatus u. a. handeln ausführlich über die Figuren und zwar in derselben Weise wie die genannten Rhetoren, — in derselben Weise, sofern sie eine gleiche Auffassung von der Natur dieser sprachlichen Formen haben; im Einzelnen finden sich bei ihnen wie bei den Rhetoren unter sich kleine Differenzen, denn bei so wenig bestimmten Definitionen konnte es natürlich nicht ausbleiben, dass der Eine von Tropus redet, wo der andere eine Figur sieht u. dergl.

Aus der späteren Zeit mögen hier noch einige Untersuchungen genannt werden, nicht als ob sie einen Fortschritt in der Tropenfrage bezeichneten, sondern um anzudeuten, dass das Interesse an diesen Gegenständen immerfort wach bleibt: Isidorus, de rhetorica, Cassiodorus, lib. de art. rhet (im Inst. rer. hum.) Beda, der in seiner Abhandlung: de schem. et trop. Beispiele aus den biblischen Schriften bringt, ferner die St. Gallener Rhetorik (von Notker)[1] u. a.

In der späteren neulateinischen Zeit sind es zwei Werke, die häufig gedruckt, alle andern ihrer Art überragen und die folgenden Jahrhunderte hindurch als unfehlbare Autoritäten Geltung haben: Hieronymus Vida, de arte poetica[2] und J. C. Scaligers poetices libri septem[3]. Vida besingt die Metapher als die Sprache der Götter:

Hunc fandi morem . . ipsi
Caelicolae exercent cocli in penetralibus altis
Pieridum chorus in terras quem detulit olim
Atque homines docuere.

[1] Die Schriften Notkers und seiner Schule. Herausgegeben von Paul Piper (1882), S. 623.
[2] Cremona 1520.
[3] Genf 1561.

Er rühmt von ihr, dass sie Licht und Glanz über die Rede
verbreite, dass sie die Dinge in neuen hellen Farben strahlen
lasse und dass sie mannigfache Bilder dem Auge des Lesers
vorführe:
> Vates nunc huc traducere mentes
> Nunc illuc, animique legentum apponere gaudet
> Diversas rerum species, dum taedia vitat.

Auch auf einige andere Figuren macht der gelehrte Cremonenser Poet seinen königlichen Schüler aufmerksam, er ist sich der Wichtigkeit dieses Schmucks der Rede wohl bewusst; feierlichst, indem er Apoll und die Musen citiert, weist er den Dauphin auf den ornatus et decus orationis hin und ermahnt ihn, sich mit allem Eifer dieser schweren Kunst zu befleissigen.

In auffallendem Gegensatz zu der leichten eleganten Manier des Vida steht J. C. Scaliger. Mit grosser, ihm eigentümlicher, philosophischer Würde geht er an die Lehre von den Tropen und Figuren. Figuras ante nos ad certas species nemo deduxit, sagt er lib. III, 32, sed ut quaeque se offerebat ita applicarunt, quippe ignari philosophiae, usum tantum assecuti, eorum causas ignotas habuere. Dann folgt seine Eintheilung „nach philosophischem Principe" in folgender Weise: significatur aut id quod est, aut contrarium: si quod est aut aequo, aut plus, aut minus, aut aliter. Dazu kommen noch einige weitere Gesichtpunkte, so dass sich etwa hundert Arten von Figuren ergeben, die J. C. Scaliger im dritten Buch, qui ...., am ausführlichste bespricht, während er in .... Buch das Thema nicht von der formalen Seite .... Er beginnt IV, 26 die Untersuchung: Verba .... ab arte, aut ex sua natura, aut secundum .... Naturam dicti quod philosophi essentiam; secundum .... natur et subtentur vel ponuntur se subtieretur, ... et .... und so geht die Spaltung fort, ... Rang und Namen hat. Doch .... Nur die angeführte Bedeutung von Scaliger's Werk .... Ist d .... alle Partien grösser oder .... Nur diese Bedeutung zwingt auf ihn so weit einzugehen. In dem hochgelehrten Gewande verbirgt sich hier die nüchternste Auffassung vom Wesen der Kunst und Poesie; nur um die Anweisung handelt es sich, das Ding recht ornatum und decorum zu machen — das ist Poesie.

Mit Scaliger scheint das Poetikenschreiben Mode geworden zu sein, sagt Borinsky¹). Indes fallen alle diese Werke ausserhalb des Bereichs der Philosophie: „Wo sich etwas unter diesbezüglichem Titel findet, kann man sicher auf eine Enttäuschung rechnen"²).

Es kann keine trocknere Darstellung geben, als etwa die von Bentzius: De fig. bibri duo;³) gleiches gilt von Anton. Sebastianus Minturnus: De poeta⁴) und von Vossius: Instit. Orat.⁵), obwohl er sich hüten will apponere crambеn a rhetorum tam multis toties recoctam. Mehr Takt, Geschmack und Beschränkung rühmt Gottschall an Marc. Rambler: Eloc. rhet. lib. duo⁶). — Opitz meint in seiner Poeterey, es sei unnötig, auf die Figuren einzugehen, „weil wir im deutschen hiervon mehr nicht als was die Lateiner zu merken haben, und also genugsamen Unterricht hiervon neben den Exempeln aus Scaligers und anderer gelehrten Leute Büchern nehmen können."

Ebenso wie Deutschland hat Frankreich, England, Italien, Spanien Überfluss an theoretischen Werken über Sprache und Poesie. — In Frankreich nehmen eine hervorragende Stellung ein besonders Ronsard, Boileau, Rollin. Aber während sie sich in der Tropen- und Figurenfrage ganz in den herkömmlichen Geleisen bewegen, sucht Racine⁷) den Gegenstand in seiner eigenartigen Natur kennen zu lernen und stellt ihn in völlig neue Beleuchtung. Er spottet über die vermeintliche grosse Entdeckung des Scaliger und über die Wertlosigkeit solcher Einteilungen und Aufzählungen. Statt dessen solle

---

¹) a. a. O. S. 24.
²) Borinsky, S. 7.
³) Brüssel 1594.
⁴) Venedig 1573.
⁵) Lugdun. Bat. 4. Ausg. 1643. cf. auch seine Instit. poet.
⁶) a. 1598.
⁷) Réflexions sur la poésie 1747.

man den Ursprung und die Natur dieser sprachlichen Figuren erforschen. Racine kann nicht der Ansicht des Aristoteles zustimmen, nach der unsere Neigung alles Fremde zu bewundern der Grund zur Figurenbildung sein soll; ebenso wenig scheint ihm die Erklärung Quintilians und der vielen, die sich ihm anschlossen, richtig zu sein, dass nämlich die Not, die Armut der Sprache die Veranlassung gewesen sei. Er macht die Bemerkung, dass alle, auch Leute von geringster Bildung, eine Fülle von Metaphern, Katachresen, Hyperbeln u. s. w. gebrauchen, sobald sie in lebhafterer Stimmung sind; nicht in ruhiger Unterhaltung, sondern wenn sie überzeugen wollen, wenn sie einen ähnlichen Eindruck machen wollen, wie sie ihn selbst haben. Dann diktiert die Natur eine solche Sprache, und diese gefällt den Hörern, parce qu'il les remue et réveille en eux les passions, dont il présente peinture. Und so folgert er: l'origine du style figuré est dans la nature, et l'imitation est la source du plaisir, qu'il nous cause[1]. Er betrachtet dann die einzelnen Figuren; alle aufzuzählen sei unmöglich: leur nombre est infini.

Häufige Beachtung hat die 1757 veröffentlichte Abhandlung von Du Marsais gefunden. Der volle Titel ist: Des tropes ou des différens sens, dans les quels on peut prendre un mot dans une même langue. Darin ist bereits der Standpunkt des Verfassers ausgesprochen, er handelt als Grammatiker von den Tropen: Le traité des tropes est du ressort de la grammaire. Dieser Standpunkt verhinderte, dass seine Untersuchung für die Ästhetik so fruchtbar wurde, wie es einige seiner Sätze versprechen. Über den Ursprung der Tropen sagt er: La liaison qu'il y a entre les idées accessoires ... est la source et principe des divers sens figurés que l'on donne aux mots; über ihre Wirkung: Souvent ces idées accessoires, designant les objets avec plus de circumstances que ne feraient les noms propres de ces objets, les peignent avec plus d'énergie, ou avec plus d'agrément[2].

Marmontel, Poétique française), schliesst sich an Du Marsais an. Bezeichnend für seine Auffassung ist besonders eine Stelle: La translation d'un mot de son sens naturel à quelqu'autre sens n'est pas ce que j'appelle image, mais seulement la translation d'un mot qui peint avec les couleurs de son premier objet la nouvelle idée, à la quelle on l'attache. La clef d'une voute, le pied d'une montagne ne présentent leur nouvel objet que tel qu'il est en lui même: ce sont des figures de mots qui n'ajoutent rien au coloris du stile[1]). Er handelt in einem besondern Kapitel du coloris ou des images, und fasst hier also die eigentlichen ästhetischen Veranschaulichungsfiguren zusammen, im Gegensatz zu den bloss grammatischen (abgeblassten) Wortmetaphern, — ein beachtenswerter Gesichtspunkt.

Batteux' Einleitung in die schönen Wissenschaften[2]) bringt über Tropen eigentlich nichts Tieferes, als dass sie Ausdrücke sind, die einen versteckten Vergleich enthalten und daher einen Begriff mehr enthalten, folglich gefallen[3]). Er verweist auf Du Marsais.

Bedeutenden Einfluss auf die deutschen Schriftsteller haben verschiedene englische Philosophen gehabt, weshalb sie am besten hier betrachtet werden. Home in seinen Elements of Criticisme[4]), fördert das Verständnis für Tropen und Figuren namentlich dadurch, dass er eine grosse Fülle von Beispielen aus Dichtung und Prosa vorführt und daran nützliche Regeln für den Gebrauch knüpft. Er sagt II, 227: I little imagined that much could be made of tropes and figures in the way of rational criticisme, till discovering by a sort of accident, that many of them depend on principles formerly explained, I gladly embraced an opportunity to show the influence of these principles. Mit dieser Tendenz betrachtet er dann die Hauptarten des tropischen und figürlichen Ausdrucks. In seiner Klassifikation, in der sich einige Abweichungen von dem herkömmlichen Schema zeigen, ist er weniger glücklich. Adelung wundert

---

[1]) I S. 169.
[2]) Übersetzung mit Zusätzen von Ramler 1768.
[3]) Ramler Übers. IV. S. 83.
[4]) Edinb. 1769.

sich, wie den gelehrten Home hierbei habe sein gewöhnlicher Scharfsinn so sehr verlassen können.

Campbell, Philosophy of Rhetoric[1], hat die Unterscheidung von grammatical und rhetorical tropes[2]. Die ersteren werden nicht mehr als Tropen empfunden, they suggest directly to the mind without the intervention of any image, the ideas. Die verschiedenen Fälle, in denen die Tropen der Lebhaftigkeit des Stils dienen sind: 1) the less for the more general 2) the most interesting circumstance distinguished 3) things sensible for things intelligible 4) things animate for things lifeless. Dazu kommen dann noch Tropen, welche als einfache Namensänderung nur Abwechselung in die Rede bringen sollen und solche, die zur Umschreibung unangenehmer Dinge dienen.

Priestley in seinen Lectures on oratory and Criticisme[3] untersucht, auf Grund welcher psychologischen Thatsachen wir die eine oder andre Art der Darstellung als schön bezeichnen. Er findet besonders zwei Quellen des ästhetischen Vergnügens: All beauties and admired strokes in composition derive their excellence and fine effect either from drawing out and exercising our faculties by the views, they present to our mind or else transfering from foreign objects by the principle of association ideas which tend to improve the sense of a passage[4]. Mit diesem Gesetz der Association und der Forderung angemessener Anregung unserer Kräfte hängen zusammen die Momente der Neuheit, Übereinstimmung oder Ähnlichkeit, Verschiedenheit, des Kontrastes etc. Und so ist die Basis gewonnen für die Bildung von Metaphern, Vergleichungen, Hyperbeln, Personifikationen; aber auch the burlesque, parody, mock-heroic, irony, riddles, puns etc. werden demgemäss in gleicher Reihe aufgeführt. Es ist augenscheinlich, dass diese Betrachtungsweise, die einen ganz andern Ausgangspunkt hat, als die gewöhnliche Lehre von der translatio verbi a propria significatione, in ästhetischer Hinsicht einen Fortschritt bezeichnet.

Dasselbe gilt von einem andern englischen Philosophen,

---

[1] l. 76.
[2] III cb 1.
[3] Lond. 1777.
[4] Lect. XVIII. S. 136.

H. Blair[1]). Seine Bemerkungen über Ursprung, Beschaffenheit und Wirkung der Figuren sind ebenso eingehend wie feinsinnig. Sie werden auch im zweiten Teil dieser Arbeit berücksichtigt werden müssen. Es möge daher an dieser Stelle nur kurz der allgemeine Standpunkt Blairs angedeutet werden. Die Gründe, warum die Tropen die Lebhaftigkeit und Anmut des Stils so vorzüglich fördern sind: 1) sie lassen die feinsten Schattierungen des Gegenstandes ausdrücken 2) sie verleihen eine gewisse Würde — der gewöhnliche Ausdruck, den das Ohr bereits zu sehr gewöhnt ist, erniedrigt die Schreibart 3) es erfreut, zwei Gegenstände zu gleicher Zeit ohne Verwirrung vor Augen zu haben 4) einer der wichtigsten Vorzüge ist, dass sie den Gegenstand durch Betonung eines Nebenumstandes in helleres Licht setzen. Dazu kommt, dass sie in Ansehung der zu erregenden Empfindungen gute Dienste leisten, indem sie durch Vorführen verwandter Ideenreihen den Eindruck verstärken. Auf Klassifikationen legt Blair wenig Gewicht, wenn man nur festhält, dass es auf den Abdruck irgend einer lebhaften Regung von Einbildungskraft oder Gefühl ankommt[2]).

Indem ich jetzt zur Charakterisierung der Untersuchungen deutscher Schriftsteller schreite, übergehe ich die ganze reiche Litteratur der theoretischen Schriften des 16., 17. und Anfang des 18. Jahrhunderts aus oben bereits bezeichneten Gründen. Zu vergleichen ist über diese Periode unter andern Goedecke, Geschichte der deutschen Dichtung[3]), das schon genannte Werk von Borinsky, sowie z. T. Braitmaier, Geschichte der poetischen Theorie etc.

Gegen die masslose Überschätzung des tropischen Ausdrucks wendet sich der Theologe Werenfels in seiner 1716 veröffentlichten Schrift: De meteoris orationis. Seine Auffassung ist eine natürliche und gesunde, so dass sein Buch noch heute in mehr als einer Hinsicht von Interesse ist.

---

[1]) Lect. on Rhet. and Bell. Lettr. 1783, Übersetzung von Schreiter. Leipzig 1788.
[2]) Schreiter, II. S. 23 ff.
[3]) V, § 177.

Gottsched[1] hat die mit Methaphern und Figuren überladenen Tiraden der Lohenstein und Hoffmannswaldau vor Augen und andererseits die nüchternen, dürftigen Poesien eines Christian Weise und Besser; er sieht leicht, dass das Gute hier in der Mitte liegt und giebt von diesem Gesichtspunkte aus einige brauchbare Regeln über den Gebrauch der Tropen und Figuren. Die Figuren zählt er nach den P. Lami auf; zu den verblümten Redensarten rechnet er Methaper, Metonymie, Synekdoche und Ironie; die Synekdoche meint er zwar hätte gar leicht unter der Metonymie können begriffen werden, wenn es nicht unsern Vorfahren anders gefallen hätte. Diese seine pietätvolle Gesinnung ist denn auch der Grund, dass er Hyperbel, Litotes, Antonomasie etc. in der Synekdoche enthalten sein lässt, wodurch es ihm gelingt, die überkommene Vierzahl zu konservieren.

Breitinger spricht in seiner kritischen Dichtkunst vom Jahre 1740 von den Umschreibungen als den absonderlichen Mitteln, die Materie aufzustutzen; er erwähnt wiederholt des Loginus 28. Abhandlung vom Erhabenen, wo die Umschreibungen als Zierraten der Rede angepriesen werden. — Sehr fleissig und mit grosser Belesenheit ist seine Abhandlung von der Natur der Gleichnisse geschrieben, die Bodmer 1740 herausgab. Breitinger sagt, es sei ihm manchmal in den Sinn gekommen, dass die Einbildungskraft ebensowohl wie der Verstand eine gewisse Logik von nöten habe, und er meint, dass das Studium der Gleichnisse nach dieser Richtung hin fruchtbar sein könne. Allein sein Hauptbestreben ist doch darauf gerichtet, an praktischen Beispielen ihre Wirkung in der Poesie zu zeigen. So beginnt er gleich das erste Kapitel mit den erdichteten Gleichnissen, und bespricht dann die auszierenden, nachdrucksvollen u. s. w. Gleichnisse. Mit wie grosser Sorgfalt und Aufrichtigkeit Breitinger seine Aufgabe auch behandelt, so kommt man doch über eine gewisse Engherzigkeit, die dieser ganzen Litteraturepoche eigen ist, nicht hinaus. Sie wird am besten charakterisiert durch Sätze der kritischen Dichtkunst wie folgenden: Naturtreue, sagt er, aber würdige

[1] Vers. einer krit. Dichtk., 5. Ausg. 1742. Ausführl. Redek. 1759.

Stoffe, denn wie soll das, was im Original unbedeutend ist, als Kopie auf uns wirken, wenn z. B. ein Maler einen Bauern mit Ochsengespann malt u. s. w.!

An Breitingers Arbeit wäre die Abhandlung des Mich. Conrad Curtius von den Gleichnissen und Methaphern[1]) anzuschliessen. Der Autor ruft die Manen des tiefsinnigen Baumgarten an und kleidet seine Sätze in steifste philosophische Gewandung. Eine irgendwie fruchtbare neue Seite gewinnt er aber dem Gegenstand nicht ab. Mendelssohn widmet ihm den 157. Litteraturbrief, seine Kritik hat ihre Spitze in dem Satz: Curtius lege mit Fleiss seine platte Stirn in Falten, damit man glaube, sie sei vom Nachdenken runzlich geworden.

Ausführlich über Tropen und Figuren handelt Joh. Gotth. Lindner in seinem Lehrbuch der schönen Wissenschaften 1767. Seine Regeln für den Gebrauch der Tropen formuliert er so: 1) sie müssen klar und leicht sein, 2) noch weniger Unsinn und Galimathias, 3) sowohl nicht übertrieben als auch der Sache angemessen, 4) nicht so gestopft und verschwendet, 5) in der Prosa nicht zu poetisch[2]). Das charakterisiert seine ganze Betrachtungsweise.

Riedel in der Theorie der schönen Künste (1767) macht zuerst den Versuch, die Figuren im Zusammenhang mit den Mitteln der übrigen Künste zu behandeln, doch bricht er bald ab, um die Sache bei den einzelnen Künsten vorzunehmen.

Meiners, Theorie der schönen Wissenschaften (1787) streift den Gegenstand nur kurz.

Von grösserer Bedeutung ist in dieser Frage Adelung in seinem Buch über den deutschen Stil vom Jahre 1785. Die Tropen und Figuren dienen der Lebhaftigkeit des Stils, indem sie auf die untern Seelenkräfte wirken; naturgemäss zerfallen sie also nach den Arten jener Kräfte, und so hofft Adelung die „von allen Lehrern der Wohlredenheit so verunstaltete Lehre von den Figuren in eine vorteilhaftere Gestalt zu bringen". Die unteren Seelenkräfte sind Aufmerksamkeit, Einbildungskraft, Gemütsbewegung und Witz (Scharfsinn). Auf die Ein-

---

[1]) Wismar 1750.
[2]) II. S. 109 ff.

bildungskraft, welche das Vermögen der Seele ist, sich die Gegenstände und die Ideen davon zu versinnlichen, sich ein sinnliches Bild von den Dingen zu machen, wirken folgende zehn Figuren: 1) gewisse Formen des Gesprächsstils wie Einwurf, Frage und Correktiv, 2) Nachahmungen des Hörbaren durch den Ausdruck, 3) Anknüpfung eines sinnlichen Nebenbegriffs, 4) Auflösung des Ganzen in seine Teile, 5) Erklärung durch ein sinnliches Bild, 6) Darstellung unter einem sinnlichen Bilde — Tropus, 7) Allegorie, 8) Mythologie, 9) Darstellung eines abwesenden Gegenstandes als gegenwärtig, 10) Prosopopoeie[1]). Man sieht leicht, dass diese zehn Klassen, die Adelung ohne irgendwelches Einteilungsprincip an einander reiht, Figuren von der verschiedensten Wirkungsart enthalten. Dazu kommt ein anderer Umstand: es mag zugegeben werden, dass z. B. die unter 1) 2) 9) genannten Figuren die Einbildungskraft anregen, wer wird aber glauben, dass dies dann bei der Hyperbel, Cumulation, Climax u. v. a. Figuren, die Adelung bei den drei übrigen Seelenkräften aufzählt, nicht der Fall ist? — Die Theorie von den untern Seelenkräften, die auf Baumgarten, Meyer zurückgeht, findet sich bei mehreren Philosophen jener und der späteren Zeit, so bei Eschenburg, Entw. einer Theor. u. Lit. der schönen Wissenschaften (1789); er rechnet nur drei derartige Seelenkräfte, indem er die Aufmerksamkeit fallen lässt.

Auch Blair neigt dieser Einteilungsweise zu. Wie wenig haltbar dieselbe jedoch ist, hat bereits Gerber[2]) gezeigt: die verschiedenen Arten der Seelenerregungen seien nicht bedingt durch die Figuren als solche, sondern durch den Inhalt, und da der Inhalt grenzenlos sei, so könne daraus kein Einteilungsprincip gemacht werden.

Su zer[3]) sagt in seinem Artikel über Tropen: Sie werden gebraucht 1 aus Not, 2) weil man Anstössiges vermeiden will 3) um den Ausdruck zu verstärken; endlich hat man bei Verwendung des Ausdruckes bisweilen bloss die Absicht, die Vorstellung leichter und sinnlicher zu machen. Aus diesen

1. Kep. 4
2) ... Kunst, II. s. 15.
Allg. Theor. d. schön. Kunste, 2. A. 1794.

verschiedenen Absichten entstehen so unzählige Arten der Verwechselung in Vorstellung und Ausdruck, dass es ein kindisches Unternehmen wäre, sie alle herzählen und bestimmen zu wollen. Noch ungereimter würde es sein, die Erfindung und den Gebrauch der Tropen durch Regeln lehren zu wollen. Im übrigen verweist er den, der die Materie gründlich kennen lernen wolle, auf den Traité des du Marsais. Bei Gelegenheit der Metapher sagt er: Wer das Genie des Menschen recht aus dem Grunde studieren wolle, finde die beste Gelegenheit dazu in der Erforschung des Ursprungs der metaphorischen Ausdrücke. In dem Artikel „Figur" giebt er die reiche einschlägige Litteratur an und fährt dann fort: So viel ist gewiss, dass über diese ganze Materie noch nicht wirklich philosophische Untersuchungen .... angestellt worden sind.

Sehr eingehend behandelt das Thema Clodius in dem Entwurf einer systematischen Poetik (1804). Systematisch ist diese Poetik, insofern sie ihre Lehren streng nach dem Schema der Kantischen Kategorien vorträgt. Der Quantität nach, heisst es S. 250, müsse der poetische Stil Reichhaltigkeit und Ausdehnung haben und das bekomme er durch die Tropen. Wie das Schöne selbst zwischen Einheit und Vielheit schwankt, so auch der poetische Ausdruck, die eigentlichen Worte bezeichnen nur Einen bestimmten Gegenstand, sind also für die Prosa, die fremdartigen muss man erst deuten, darin der Reiz; man wird sich dabei aller der Ideenassoziationen bewusst, nach welchen auch der tropische Ausdruck einzuteilen ist in: 1) Zeichenverwechselung wegen des Beisammenseins der Ideen, 2) wegen ihrer Aufeinanderfolge, 3) wegen der Ähnlichkeit. Die früheren hatten kein Princip der Einteilung, sagt Clodius, warum soll man also auch noch länger Ehrerbietung für eine verstandlose Gelehrsamkeit haben, die nichts thut als Köpfe verwirren u. s. f. In die Kategorie der Qualität fallen die Figuren, die dem Stil anschauliche Lebendigkeit geben.

Seit dem Aufblühen der wissenschaftlichen Ästhetik mit Baumgarten[1]) ist nun die Tropen- und Figurenfrage in die

---
[1]) B. hat auch die Bemerkung, dass die Zahl der Tropen und Figuren unendlich gross sei; cf. Ästh. I § 27 und II § 782.

zahlreichen Lehrbücher der Ästhetik eingedrungen. Doch haben die meisten für eine eingehende Erörterung nicht Raum, sie geben einzelne psychologische Bemerkungen und fördern im ganzen das Verständnis für diese Dinge dadurch, dass sie auf ihren organischen Zusammenhang mit dem Ganzen des poetischen Kunstwerks hinweisen. Es würde in diesem engen Rahmen nicht möglich sein, auf jeden der einzelnen Philosophen einzugehen, zumal da die mehr oder weniger aphorismenartigen Bemerkungen nur durch die jedesmalige ästhetische Grundanschauung ins rechte Licht gesetzt werden können. Es möge gestattet sein, hier nur die Hauptstellen in den wichtigeren ästhetischen Lehrbüchern zu bezeichnen: Eberhard, Handb. d. A. (1803) besonders vom 68. Brief an. Jean Paul, Vorschule der Ästhetik 9. und 14. Programm. Bouterweck, Ästh. II, S. 39 ff. Griepenkerl, Lehrb. der Ästh. 1827, S. 326 ff. Solger, Vorl. über Ästh. (hrsg. von Heyse 1829) S. 269 ff. Weisse, Syst. der Ästh. 1830, S. 232 ff. Grohmann, Ästh. als Wiss. 1830, S. 183. Krause, Vorl. über Ästh. (hrsg. von Hohlfeld und Wünsche 1882) 65. Vorl. Mundt Ästh. 1845, S. 142 ff. Schleiermacher, Vorl. über Ästh. (hrsg. von Lommatzsch) S. 638 ff. Hegel, Vorl. über Ästh. (hrsg. von Hotho 1838) S. 282 ff. Trahndorff (1827) Ästh. I., S. 203 ff. Ebenso finden sich verstreute Bemerkungen in den Ästhetiken von Zeising, Köstlin, Fechner u. a. — Ich nenne noch besonders Vischer; er will nur einige Hauptpunkte aus der Lehre von den Tropen und Figuren geben, da ihre ausführliche Behandlung in eine getrennte Poetik gehöre. Seine Auffassung mögen folgende zwei Stellen charakterisieren: S. 1219 heisst es: Man dachte an keine tiefere Ableitung . . . der Figuren; man erkannte nicht, wie in einem Gebiet, das ganz und wesentlich der Phantasie gehört, jede einzelne Form der Veranschaulichung und Belebung nur Ausfluss davon ist, dass das Ganze anschaulich lebt, kurz wie der Dichter auch im Einzelnen darum individualisiert weil das Ganze Individualisierung ist. Und S. 1220: Die Theorie der poetischen Ausdrucksformen hat keinen allgemeinen Namen für den anschaulichen Ausdruck, der unbildlich ist, d. h. keine zweite Anschauung zur Beleuchtung eines gegebenen Inhalts herbeibringt. Dies ist der stärkste Beweis, dass sie bisher ihre Aufgabe für die Poetik gar nicht begriffen, nicht geahnt hat, wie es sich hier um ein Grundgesetz der Dichtkunst, dem der Individualisierung überhaupt handelt, wovon das tropische Verfahren nur ein Teil ist. Mit grösserer Ausführlichkeit als die Lehrbücher der Ästhetik handeln im Allgemeinen die Poetiken von den Veranschaulichungsmitteln. — Hillebrand, Literar-Ästhetik 1827, unterscheidet die bildlichen von den grammatischen und Sinnfiguren und bezeichnet die ersteren als solche, die durch konkrete, gestaltliche Vergegenwärtigung überhaupt die Anschauung eigentlich individualisieren.

Gottschall sagt in seiner Poetik[1]): Die Lehre von den Bildern und Figuren ist mit einem Aufwande von grossem Scharfsinn und mühseliger Gelehrsamkeit bis ins Einzelne ausgebildet worden. Während Aristoteles, Cicero, Quintilian nur einzelne verstreute Winke über den bildlichen Ausdruck geben, haben spätere Rhetoren und Grammatiker nicht bloss alle einzelnen Blumen aus dem Kranze der Sprache herausgerissen, sondern auch die Blumen selbst wieder zerrupft . . . Hier verliert man die Hauptgesichtspunkte, das Wesentliche und Unwesentliche ganz aus den Augen . . . später ist diese Lehre eher vernachlässigt oder auf einige Gemeinplätze beschränkt. Sie bedarf einer gründlichen Reform, zu der leider die Grenzen, die diesem Werke vorgezeichnet sind, nicht genügenden Raum gewähren[2]). Soweit indes Gottschall das Thema bespricht, sind es Bemerkungen eines feinen, das Poetische und Künstlerische der Sprache erkennenden Geistes.

Kleinpaul, dessen Poetik seit den vierziger Jahren in immer neuen Ausgaben erschienen ist, hat in den späteren, vermehrten Auflagen auch den Tropen und Figuren grössere Aufmerksamkeit geschenkt. Zu den Sprachmitteln, die die Vorstellung zu verdeutlichen und beleben suchen und die recht eigentlich in die Poetik gehören, rechnet er mit Recht ausser den Tropen auch die ästhetischen Epitheta, die Distributation, den Vergleich u. s. f.

---
[1]) 1. Auflage 1858.
[2]) 3. Auflage 1873, S. 185.

Carriere, Wesen und Formen der Poesie, wendet sich gegen Vischers oben citierte Stelle. „Gerade das war meine Lehre, sagt er S. 102[1]), wie der Dichter überhaupt eine allgemeine Idee durch eine besondere Thatsache darstellt, so veranschaulicht er den Gedanken durch eine besondere Erscheinungsweise, durch ein sinnenfälliges Bild." Durch zahlreiche, treffend gewählte Beispiele aus allen Litteraturen illustriert dann Carriere diesen Satz und zeigt, ohne sich auf Einteilungen und Definitionen einzulassen, das eigenartige Leben und Wirken der sprachlichen Bilder in heller, reizvoller Beleuchtung.

Viel Treffliches findet sich über Tropen und Figuren in der Poetik von Werner Hahn (1879). Die Tropen teilt er nach dem Geistesvorgang ein in Tropen der Personifikation, der Assimilation und der Konsequenz.

Viehoffs Vorschule der Dichtkunst (1860) und Osterleys Dichtkunst 1870 mögen hier nur genannt werden, sie bringen nichts wesentlich Neues.

W. Wackernagel, nachdem er auf die mangelhaften Definitionen der Alten hingewiesen, erklärt sich dahin, dass die Figur nur den Ausdruck, nicht die Vorstellung verändere, der Tropus aber die Vorstellung und mit ihr den Ausdruck. Wackernagel kann sich nicht verhehlen, dass es dieser Einteilung an Schärfe fehle, und so fährt er dann fort, er wolle die Unterscheidung nicht festhalten, weil sie brauchbar und richtig sei, sondern eigentlich nur im Sinne einer geschichtlichen Notiz[2]).

In Beyers verdienstvoller Poetik findet man über die eigentlichen sprachlichen Bilder wenig Neues und Erwähnenswertes. Den Unterschied zwischen Tropen und Figuren bestimmt er S. 112 mit denselben Worten wie Wackernagel.

Scherers nachgelassene, unvollständige Poetik, sowie die von Baumgart, die eine bestimmte Tendenz hat, können hier übergangen werden.

Von neueren Lehrbüchern der Rhetorik nenne ich Schott,

Fülleborn, Maass, Richter, Hoffmann. Sie sind meistens für Unterrichtszwecke geschrieben und geben ausser den herkömmlichen Erklärungen praktische Vorschriften. Dagegen ist die kurze Schrift von Gerlach, Theorie der Rhetorik und Stilistik[1]), bemerkenswert. Seine Einteilung der Veranschaulichungsfiguren ist folgende: 1) Direkte Schilderung: a. Epitheton, Metonymie, b. Diatyposis, Periphrasis; 2) Indirekte Schilderung: a. Vergleich, Metapher, b. Gleichnis, Allegorie. Die Teilung in a. und b. ist bedingt durch den Umstand, dass einmal die Phantasie durch einen einzigen Zug angeregt wird und das andre Mal ihr ein ganzes Bild vorgeführt wird. Der dritte Einteilungsgrund, der in Betracht gekommen, ist die herkömmliche Unterscheidung von Tropen und Figuren.

Es ist natürlich, dass eigentlich sprachliche und grammatische Untersuchungen nicht hierher gehören. Indes ist kurz Pölitz's „Gesamtgebiet der deutschen Sprache" zu erwähnen, das es in erster Linie mit der Wirkung der Sprache zu thun hat. Der dargestellte Gegenstand, heisst es im 1. Band S. 422, erscheint entweder unter einzelnen stärker versinnlichenden Eigenschaften und Merkmalen oder er wird innerhalb der Darstellung mit dem Bilde selbst vertauscht. Dadurch sei der wissenschaftliche Unterschied zwischen Tropen und Figuren bestimmt. Alle Änderungen in der Wortstellung fallen bei Pölitz ebenfalls unter den Begriff Figur.

Specielle Abhandlungen haben wir von Wilhelmi, von den Tropen, Heidelberger Gymn. Progr. 1839, das ich nicht einsehen konnte; Gross, Tropen und Figuren (1888), ein Hilfsbuch für den Gymnasial-Unterricht. Hierher gehören auch die Aufsätze in den Ansbacher Gymn. Programmen 1878 und 1889 von J. Bauer, betitelt: Das Bild in der Sprache. Es sind die Tropen hier betrachtet „im Zusammenhang mit den Gesetzen, welche bei der Entwickelung der Sprache wirksam sind", und so schliesst die interessante Untersuchung sich den Darstellungen von Max Müller und Georg Curtius an, die über das Entstehen namentlich der Tropen so helles Licht verbreitet haben. — In diesen Kreis gehört auch Brinkmann:

---

[1]) Dessauer Gymn. Progr. 1877.

Die Metapher, Studien über den Geist der modernen Sprachen (1878). Brinkmann stellt sich die Aufgabe, an den einzelnen Metaphern die in ihnen niedergelegten psychischen Prozesse zu erkennen: es handelt sich um die Philosophie der Metaphern, die eine Offenbarung des menschlichen Geistes, ein treuer Spiegel der Aussen- und Innenwelt des Menschen, als Monumente so vieler Thatsachen seiner Geschichte sind. Die Metaphern nennt Brinkmann mit Recht Minen, in denen noch ganze Gold- und Silberbarren von Gedanken stecken[1].

Ein Werk, welches auch in der vorliegenden Arbeit mehrfach benutzt wurde, ist Gerber: Die Sprache als Kunst; Gerber handelt nicht bloss mit der grössten Sorgfalt und Gelehrsamkeit von den Sprachmitteln, welche der Veranschaulichung dienen, sondern er gewinnt für das Thema durch seine Auffassung der Sprache überhaupt — als Kunst — einen eigenartigen und günstigen Standpunkt. Sein Schema ist: Bild-, Laut-, Wort-, Sinnfiguren. Die Bildfiguren, die auch ästhetische Figuren genannt werden, weil sie aus der Gestaltungskraft der Phantasie hervorgehen, sind nach folgender Überlegung einzuteilen: Sie setzen für ein Wort, welches im Zusammenhang der Rede einen bestimmten Sinn vertritt, ein anderes von ähnlicher Bedeutung. Nun ist klar, dass diese andern Wörter nicht nach Belieben können gewählt werden, denn das Verständnis muss ja gewahrt bleiben, und so wird man eine Einteilung haben, wenn man sich beantwortet, in welcher Art auch bei Vertauschung von Wörtern uns das Verständnis einer Rede gesichert werden kann. Man trifft zweifelsohne so auf den eigentlichen Trieb des Sprachschaffens, denn der Sprachkünstler, wenn er den Tropus zur Bezeichnung des Sinnes wählt, will nicht ein Wort mit einem andern vertauschen, sondern er will uns durch seine Vertauschung zu einem sogar gehobenen Verständnis verhelfen ... Durch seinen Zusammenhang mit dem eigentlichen Gegenstand regt der Tropus die Seele zu besonderer Thätigkeit an, welche sie bei Nennung des eigentlichen Wortes sich erspart hätte. Solchen Zusammenhang zeigt aber a. die unmittelbare

[1] Seite 4.

Vahrnehmung oder Anschauung — Synekdoche — b. die
Reflexion — Metonymie — c. unsere Phantasie — Metapher —¹).

II.

Die vorliegende Arbeit steht nicht im Gegensatz zu den
Auffassungen der neueren Ästhetik. Im allgemeinen fusst sie
uf Vischer, Gottschall, Kleinpaul, Carriere, Gerber,
Gerlach, Bauer u. a. Die Bemerkungen jener Autoren sind
treffend, sie sind aber mehr oder weniger aphoristisch und
bedürfen wie z. B. Vischer und Gottschall selbst anmerken,
er Ergänzung. In jedem Fall ist der Gegenstand wichtig
genug, um in einer Monographie behandelt zu werden, und
offt der Verf. in etwas die Lücke mit ausfüllen zu helfen,
eren Vorhandensein von so vielen Ästhetikern bemerkt und
eklagt worden ist.

Erstes Kapitel.
Psychologische Erörterung.

Den Prozess der Sprachbildung stellen die neueren Psychologen und Sprachforscher²) kurz in folgender Weise dar: Die
Vahrnehmung eines neuen Gegenstandes ist begleitet beim
Menschen von einer Reflexbewegung, die sich im Laut äussert;
dieser charakteristische Laut nun associiert sich mit der Vorstellung von dem Dinge und wird so zum Zeichen desselben,
also zum sprachlichen Symbol. Die Natürlichkeit dieses Prozesses, sein sich Abspielen und Verlaufen ganz innerhalb des
physisch-psychischen Organismus dieses Menschen — ohne
dass irgend ein anderer Faktor mit hineinspielte, bedingt die
Übereinstimmung zwischen Laut und Eindruck, „das psychische

---

¹) 2. Auflage, S. 22.
Anmerkung. Weitere Schriften über unsern Gegenstand, die ich
in der obigen Darstellung übergehen konnte, sind namhaft gemacht
u. a. bei: Sulzer, Theorie u. s. w. in den betreffenden Artikeln; bei
Eschenburg, Theorie u. s. w., 2, Ausg. 1789, besonders S. 274 ff.
Hillebrand, Literär-Ästhetik S. 285 ff. Ebenso in der genannten Programmschrift von Mützel und besonders aus der alten Litteratur im
2. Bande des Gerberschen Werkes.
²) Vgl. Lazarus, Leben der Seele; Steinthal, Abr. d. Spr.; Max
Müller, Vorles. üb. d. Wiss. d. Spr. u. a.

Gebilde", sagt Lazarus[1]), „welches in dem Moment des ausgestossenen Lautes in der Seele vorhanden war, ist eine Verbindung nicht bloss, sondern eine Einheit des Eindruckes und des Ausdruckes u. s. f." Wenn nun die Sprache auf diesem Punkte stehen bliebe, wenn also jeder Laut das klare, notwendige, treue Abbild eines bestimmten Gegenstandes, eines singulären Eindruckes wäre, — so wäre nicht abzusehen, welchen Nutzen noch eine besondere Tropen- und Metaphernbildung haben könnte, eine solche hätte in der That nicht entstehen können: jeder sprachliche Laut wäre das Symbol, wenn man will die Metapher seines Gegenstandes — seines Eindruckes —, aber von einer Metapher in unserm Sinn, die die Übertragung eines sprachlichen Lautbildes auf einen andern Gegenstand oder eine andere Vorstellung wäre, könnte nicht die Rede sein.

Die Sprache konnte nicht in jenem Anfangsstadium verharren. Der so geprägte Laut, zunächst Besitz des Einzelindividuums, wurde — mit vielleicht mannigfachen Änderungen, was hier nicht von Belang — Gemeingut; damit hatte er seine Ursprünglichkeit abgestreift, er wurde zum konventionellen Wort und bezeichnet als solches nicht mehr den ganz bestimmten, singulären Eindruck, sondern hat einen weiteren Umfang, er ist das Bild aller ähnlichen, d. h. in gewisser Weise mit dem ersten verwandten und verbundenen Eindrücke. Diese Entwickelung der Sprache von ursprünglicher Frische und Anschaulichkeit zu begrifflicher Bedeutung ist eine naturgemässe und durch ihre Eigenschaft als Mitteilungsmedium notwendig bedingte. Aber wie wahr es auch ist, dass durch diese Fortbildung die Sprache erst Kommunikationsmittel werden konnte, so bleibt doch an sich der Verlust jener anschaulichen, sinnlichen Frische zu beklagen, und seit Menschen über sich und die Welt nachdenken, haben sie diesen Mangel empfunden und beklagt[2]). Wir haben Begriffszeichen, aber keine Anschauungsbilder in der Sprache, es giebt kein kon-

---

[1]) Leben d. Seele, 2. A. S. 101.
[2]) Man denke an die Sophisten, an Platos Klage über die Nachteile der Schrift, an die Lingua Adamica oder rerum, die Neuplatoniker, die Signaturen der Mystiker u. a.

formes Symbol für einen bestimmten Eindruck, für einen bestimmten einzelnen Gegenstand, sondern nur konventionelle Wortzeichen für eine Masse ähnlichartiger Dinge und Vorstellungen. Diese Vorstellungskomplexe können einen grösseren oder geringeren Umfang haben — auch sind darin die verschiedenen Sprachidiome verschieden: für „Löwe" haben die Araber 500, für „Schwert" gar 1000 Wörter — aber doch wird, so feine Nüancen auch die einzelnen Bezeichnungen hervorheben, nie das einzelne, individuelle Ding durch das Wort getroffen; wir bleiben in der Sprache stets in der Begriffswelt, auch von dem Nomen proprium nur in gewisser Beziehung abgesehen. „Allerdings", sagt Gerber[1]), „sollen unsere Worte die Dinge bedeuten — und dies giebt dann die rastlose Arbeit für das Menschengeschlecht, die gleichbedeutend ist mit der geistigen Entwickelung überhaupt". — Im praktischen Unterhaltungs- und Verkehrsleben, in der Wissenschaft und Kunst ist der eigentliche Zweck jedes Sprechens, einen analogen Eindruck hervorzurufen, wie wir ihn selbst gehabt, d. h. denselben in der Sprache zu verkörpern. Wie soll nun das zu stande kommen? Die Kunst besonders, die statt begriffsmässigen Denkens es mit individuellen Bildern zu thun hat, scheint somit in dem Gebiet der Sprache nicht heimisch sein zu können. „Sprache", sagt Schleiermacher[2]), „ist nicht gemacht, die Bestimmtheit des einzelnen zu geben".

Aber hätten wir auch für jedes einzelne Ding, für jeden einzelnen Vorgang eine bestimmte Bezeichnung in der Sprache, so würde das doch in keiner Weise genügen, um in einem andern Kopf einen mit dem unsrigen konformen Eindruck entstehen zu lassen. Jene Bezeichnung würde ja nichts enthalten von unserm ganz bestimmten subjektiven Eindruck, von dem wir eben durch die Sprache ein Bild geben wollen. Denn es liegt auf der Hand, dass die Eindrücke auch von einem und demselben Gegenstand keineswegs sich decken; vielmehr sind sie in jedem neuen Zeitpunkt vermöge unserer veränderten Apperception durchaus verschieden, und nicht bloss

---

[1]) Spr. a. K., S. 235.
[2]) Vorl. über Ästh., S. 639.

verschieden in demselben Individuum, sondern um so mehr in den vielen durch Alter, Bildung, Beschäftigung, Naturell so unähnlichen Menschen — verschieden natürlich auch hier auf Grund desselben Apperceptionsgesetzes. Man vergegenwärtige sich etwa den Eindruck, den der strahlende Weihnachtsbaum macht auf die jubelnde Kinderschar, auf die Mutter, auf den Vater, auf den Greis u. s. f. Wie können all die tausend so grundverschiedenen Vorstellungen an dasselbe Wort geknüpft werden? Welche verschiedenen Vorstellungen und Empfindungen verbinden sich mit dem Verlust eines Thalers bei der dürftigen Botenfrau, bei dem ausgeschickten Kinde, bei dem Geizhals, bei dem Millionär, dem Spieler — und doch ist es immer derselbe Gegenstand, dieselbe Münze und in derselben Sprache dafür dasselbe Wort.

Man hat die Elemente der Sprache mit Münzen verglichen[1]), sie haben ihre bestimmte Prägung, ihren Stempel und so werden sie ohne nähere Prüfung weitergegeben. Ohne Zweifel ist in diesem Vergleich eine Seite in der Natur der Sprache treffend verkörpert. Aber doch auch nur Eine Seite. Ihr Wesen ist damit nicht erschöpft. Die Sprache stellt nämlich nicht die leeren Begriffsschablonen als solche hin, sondern sie giebt ihnen etwas von individuellem Leben, indem sie sie mit einem Empfindungsinhalt erfüllt: sie bindet sie an den musikalischen Laut, sie verbindet ferner die einzelnen Vorstellungen und Lautkomplexe zu einem rhythmisch-architektonischen Ganzen und sie verknüpft endlich mit d n durch das gewöhnliche Wort hervorgerufenen konventionellen Vorstellungen noch gewisse besondere Vorstellungen, welche auf der momentanen Perception und Apperception von dem Gegenstand basieren. Durch diese drei Momente — ihre musikalische, architektonische und malerische Natur — gelingt es der Sprache, in dem Hörer einen zwar nicht gänzlich adäquaten — das würde die subjektive Apperception des zweiten Individuums nicht zulassen — aber doch möglichst ähnlichen Eindruck hervorzurufen.

Sofern nun diese drei Momente zur Geltung kommen, ist

[1]) Vgl. Quintilian.

die Sprache Kunst in ihrem innersten Kern: es werden Vorstellungen, Empfindungsinhalte verkörpert, versinnlicht, und „was ist Kunst anders", sagt Göttling[1], „als das Schaffen einer Form für einen Gedanken?" Die Betrachtung dieser Seite der Sprache gehört also in die Ästhetik. Indem es hier nur darauf ankommt, die Stelle zu zeigen, wo die Tropen und Epitheta in unserm psychischen Verhalten wurzeln, lassen wir die beiden ersteren Individualisierungsmittel der Sprache beiseite und betrachten das dritte Moment, also die malerische Natur der Sprache. Klang, Accent, rhythmische und harmonische Verhältnisse sind ein relativ Äusserliches, welches stets mit den sprachlichen Elementen verknüpft ist, obwohl ihre ganze Wirkung erst durch die Kunst erzielt wird. Wenn die Sprache jedoch in malerischer Weise veranschaulicht, so bringt sie ein Sekundäres, Neues zu der gewöhnlichen Darstellung hinzu, sie giebt dem Gegenstand Prädikate, determiniert dadurch die Vorstellung und verdichtet gewissermassen die flüchtigen begrifflichen Schemen. — Nun ist allerdings eine jede Rede und Mitteilung eine solche Determination, denn reden heisst etwas von einem Gegenstand oder Vorgang aussagen, also eine gewisse Verbindung herstellen zwischen verschiedenen Begriffen und Vorstellungen — eine Verbindung, in welcher notwendig eine Vorstellung die andere einschränken muss. Werden z. B. die Begriffe „Feldherr" und „kundig" verbunden, etwa zu „der kundige Feldherr", so ist der Begriff Feldherr sowohl wie kundig in eine engere Sphäre gesetzt, so dass eine gegenseitige Determination stattfindet. Eine solche Verengerung der Begriffe zeigt nun jeder Satz, wodurch allein es möglich ist, dass man dem eigentlichen Zweck, überhaupt verstanden zu werden, näher kommt. „Nur der Satz ist daher bei uns lebendige Sprache", sagt Bauer, „das Wort bloss eines seiner Glieder". — Es scheint demnach, als ob im gewöhnlichen sprachlichen Satz alles das enthalten ist, was in Hinsicht auf das Verständnis die Sprache überhaupt bieten kann. Und das ist in gewissem Sinne der Fall. Sieht man sich indes einen solchen Satz

---

[1] Über d. Entsteh. d. Sprache, S. 4; vgl. auch Gerber, Spr. a. K.

und seine Wirkung näher an, so ergiebt sich ein eigenartiges wenn auch natürliches, durch die psychische Organisation des Menschen bedingtes Resultat: Falls die Begriffe nichts Neues, Auffälliges haben, hält sich der Hörer nicht bei den einzelnen Vorstellungen des Satzes — und den repräsentierten Gegenständen — auf, sondern er eilt gerades Wegs auf die eigentliche Spitze des Satzes hin, d. h. auf das Verhältnis der einzelnen Vorstellungen, welches die Einheit des Satzes und sein eigentlicher praktischer Zweck ist. Dieses Verhältnis fasst er als neues gedanklich-begriffliches Eins, die Medien aber, die dazu führten, bleiben als blasse Schattenbilder gleichsam im Hintergrund der Seele. So verschwinden die einzelnen obwohl scharf behauenen Felsblöcke in dem Ganzen des Obelisken. Haben wir den Satz: „die Erde dreht sich um die Sonne", so wird unser Interesse hier nur durch die Thatsache erregt, dass eine derartige Drehung stattfindet, und wir sind weit davon entfernt, uns nun den Vorgang in aller Anschaulichkeit vor Augen zu führen: Die Erdkugel mit ihren Ländern und Städten, ihren Gebirgen und Flüssen, Meeren und Inseln mit der Geschwindigkeit des Blitzes sich durch den unermesslichen Weltraum bewegend u. s. f. Wir sind weit davon entfernt, und doch liegt alles dies als die eigentliche Seele in jenem Satze. „Der innerste Kern einer echten und wirklichen Erkenntnis ist eine Anschauung; auch ist jede neue Wahrheit Ausbeute einer solchen[1]). „Alles Urdenken geschieht in Bildern" — Schopenhauer —. So wird der Schriftsteller, oder der Redende überhaupt, seine Gedanken im Verkehr mit den Gegenständen, d. h. gestützt auf Anschauungen entwickeln; liegt ihm nun daran, in dem Hörer ein adäquates Abbild seiner eignen psychischen Thätigkeit entstehen zu lassen, so wird er vor allem ihn zur anschaulichen Vorstellung des Einzelnen zwingen, also sein Anschauungsvermögen beleben und anregen müssen. Wie ist das aber mit Hilfe der Sprache zu erreichen? Ein lebhaftes Gemüt, eine rege Phantasie wird vielleicht auch durch jenen einfachen Satz zur Veranschaulichung veranlasst werden, doch bedarf es auch hier einer be-

---

) cf. Hamann, Herder u. s. w.

sonderen Disposition, durch welche Umstände diese auch immer bedingt sei. Eine solche Disposition hat nun der Redner in dem Hörer zu schaffen und dazu hat er Ein Mittel: er muss die Seele des Angeredeten zwingen, bei der bestimmten Vorstellung zu verweilen. Nur in einem solchen Verweilen ist die Möglichkeit und zugleich die Garantie gegeben, dass das begriffliche Denken auf das Anschauungsvermögen rekurriert. — Man setze etwa statt des obigen Beispiels: Die Erde fliegt um die Sonne, oder: die Erde mit all ihrem Heer und dergl., und man wird jetzt den Vorgang vor seinem geistigen Auge sehen, — sehen, nicht bloss begrifflich percipieren. Wie ist diese plötzliche Wirkung auf die Einbildungskraft zu erklären? Ist die Änderung des Ausdrucks als solche, seine Neuheit der Grund? Enthält der neue Laut ein musikalisches Moment, das dem Eindruck angemessener, und das daher lebhafter auf Gefühl und Einbildungskraft wirkt? Zweifellos würden diese Eigenschaften der sprachlichen Benennung in der Richtung auf das Anschauungsvermögen wirken. Aber es sind doch nur Momente, die das Hauptmotiv unterstützen und verstärken; letzteres ist in dem Umstand zu sehen, dass eine Vorstellung gewissermassen in den Satz hineingeworfen wird, die auf den eigentlichen praktischen Zweck desselben keine Beziehung hat und darum das Denkvermögen zum Verweilen und demnächst zum Zurückgehen auf die Anschauung zwingt. Wenn jemand sagt: Die Pfeile der Sonne trafen sein Haupt, so bringt er in dem Begriff „Pfeil" eine Vorstellung in den Satz, die an dieser Stelle notwendig auffallen muss. Wer den Satz liest, wird bei jenem Begriff innehalten und wird, indem er den Vergleich zwischen Pfeil und Strahl vollzieht, auf die Anschauung zurückgehen. Dieser ganze psychische Prozess, wie schnell er sich auch abspielen mag[1]), steht gesondert von dem übrigen begrifflichen Vorstellen, es ist ein Moment ästhetischen Geniessens in der Prosa des abstrakt-begrifflichen Thatsachen-

---

[1]) Von der rätselhaften Schnelligkeit der seelischen Vorgänge giebt die Zerlegung eines einfachen Eindrucks in seine zahlreichen Phasen und Faktoren ein Bild — vgl. Lazarus, Leben d. Seele.

berichts. So sind die pleonasmusartigen Epitheta: der silberne Mond, die wogende See, die schwarze Nacht, das rote Gold, in Hinsicht auf eine mitzuteilende Thatsache, mehr oder weniger überflüssig, ja hinderlich, aber für die schlummernde Einbildungskraft sind sie das was der Sonnenstrahl für den Pflanzenkeim, für sie enthalten sie Farbe und Licht.

Es entsteht nun die Frage, wie müssen diese Vorstellungen beschaffen sein, die zu dem vorliegenden Gegenstand hinzutreten, um ihn zu veranschaulichen? Es ist natürlich, dass sie eine Beziehung zu demselben haben müssen. Würde irgend eine willkürliche Vorstellung bei Gelegenheit des Gegenstandes zum Ausdruck gebracht, die nicht im Zusammenhang mit dem eigentlichen Thatsachenbestand wäre, so würde dieser Umstand allerdings den Hörer zum Stocken bringen: derselbe würde nichts mit der Sache anzufangen wissen und würde zur Anschauung, die immer das eigentliche Fundament des Denkens ist, seine Zuflucht nehmen. Das hiesse nun nichts anderes, als dem eilenden Verstande ein Brett vor die Füsse werfen, um ihn zum Anhalten und zur Besinnung zu bringen. Der Hörer soll jedoch nicht bloss überhaupt zur Veranschaulichung gezwungen werden, sondern es soll ihm gleichzeitig ein möglichst adäquates anschauliches Bild nahe gelegt werden. Es wird daher der Sprachkünstler, auf Grund seines besonderen Affiziertseins und der durch seine subjektive psychische Beschaffenheit eigenartig gefärbten Anschauung, bestimmte Seiten und Eigenschaften des Dinges zum Ausdruck bringen, welche dann, als isoliert von der praktischen Tendenz des Satzes, für den Angeredeten Anlass werden, hier Halt zu machen und sich von jenem Farbenmittelpunkt aus den Gegenstand in seiner Anschauung zu gestalten; wobei zu bemerken, dass es das Wesen der Phantasie ist, vom Teil zum Ganzen fortzuschreiten und keine leeren Räume zu dulden.

Jene eigenartige Selbständigkeit des ästhetischen Vorganges, den das Epitheton zum Ausdruck bringt[1]), ist also

---

[1] Vgl. Gerber a. a. O. II. 3; es wird eine solche Gestaltung eines Sedimentes eben als ein Neues empfunden und hebt sich von den

der Anlass, dass das Anschauungsvermögen in Thätigkeit gesetzt wird und dass es nicht bei dem begrifflichen Vorstellen bleibt. Es ist eine Art lebendiges Ausrufungszeichen an die Einbildungskraft, zu vergleichen mit der absichtlichen starken Wortbetonung oder Wiederholung in der gesprochenen Rede. Wie aber diese Betonung die verschiedensten Grade aufweisen kann, so auch das ästhetische Epitheton. Man wird sogar in einzelnen Fällen streiten können, ob man es mit einem ästhetischen oder differenzierenden Beiwort zu thun hat. Dass hier keine scharfe Grenze zu ziehen sein kann, lehrt der oberflächlichste Blick auf die Beschaffenheit der Sprache: Die ästhetischen Epitheta sind ja keine sprachlichen Elemente von durchaus besonderer Art, sie sind Wortbezeichnungen wie alle anderen, sie stehen aber in besonders nachdrücklicher Weise und haben, indem sie unabhängig von dem praktischen Zweck der Rede sind, eine specifisch künstlerische Absicht, sofern sie dem dargestellten Gegenstand ein Kolorit für die Einbildungskraft geben. In welchem Masse dieser Zweck erreicht wird hängt natürlich von der Phantasie desjenigen ab, der sich das in der Rede Niedergelegte rekonstruieren soll; und so weite Abstände in den Naturen der Menschen überhaupt sind, so gross sind auch die Unterschiede in Hinsicht auf die Einbildungskraft. Auch bedarf der Umstand der Erwähnung, dass die Grenze zwischen Anschauung und Begriff psychologisch eine fliessende ist[1]). Es kann sich daher immer nur darum handeln, mehr oder weniger das Anschauungsvermögen anzuregen. Bedenkt man indes, dass ein treffendes ästhetisches Epitheton auch von der musikalischen Seite durch

gewöhnlichen Formen des Sprachgebrauchs ab durch den Reiz individuellen Schaffens. — Vgl. auch Siebeck, Das Wesen der ästh. Anschauung, S. 99: Wo und wie nun aber die Phantasie auftreten möge, da beruht sie auf dem psychischen Prozesse der Fortbildung der gegebenen Vorstellungen zu Anschauungen. Das Wesen der Anschauung . . besteht darin, dass die Vorstellung von dem unmittelbaren Zusammenhang mit der umgebenden Wirklichkeit, innerhalb dessen sie ursprünglich auftrat, losgelöst und zu einem selbständigen (isolierten) ruhigen Besitz der Seele geworden ist.
[1]) Vergl. Siebeck, W. d. Ansch. S. 22; Steinthal, Abr. d. Spr. I. S. 99.

den Laut, sowie durch Stellung und Betonung den Eindruck verstärkt, so wird man die wunderbare Wirkung, die die Sprache und besonders die poetische Kunst erreichen kann, verstehen, verstehen auch, dass Schleiermacher in seiner oben citierten Stelle fortfahren kann: „Der Dichter zwingt die Sprache dazu, die Bestimmtheit des Einzelnen zu geben, und dass er dies erzwingt, ist seine Meisterschaft."

Also die ästhetischen Epitheta verknüpfen gewisse Vorstellungen mit dem bezeichneten Gegenstande, sie heben gewisse Seiten und Eigenschaften, welche aus irgend einem Grunde gerade bedeutsam sind, hervor. So bringen sie das im Gegenstand Schlummernde, Erstarrte zum Leben, das vorher dem Auge Verschlossene zur Entfaltung und zum Aufblühen[1]). Wegen dieses Entwickelns, Belebens, Gestaltens wird man die ästhetischen Epitheta passend Entwickelungs-Veranschaulichungs- oder Individualisierungsfiguren nennen[2]).

Es ist bisher gezeigt, wie die ästhetischen Epitheta, da sie ausserhalb des eigentlichen praktischen Sachverhalts stehen, der als solcher gewohnheitsmässig begrifflich percipiert wird, den Anlass zum anschaulichen Vorstellen geben. Doch darf man nicht meinen, dass sie allein eine solche Veranschaulichung ermöglichen. Schon oben wurde angedeutet, dass, wo das Verständnis auf Schwierigkeiten stösst, die Seele ihre Zuflucht zur anschaulichen Vergegenwärtigung des Einzelnen nehmen muss. So wird nun überhaupt alles, was aus irgendwelchem Grunde für das vorstellende Ich von Wichtigkeit ist, mehr oder weniger lebhaft in der Anschauung sich darstellen, wobei es gleichgültig, ob die sprachliche Fixierung des Betreffenden bildlich oder unbildlich ist. Es giebt ferner einfache, erhabene Vorstellungen, die an sich lebhaft sind und eines sprachlichen Schmuckes nicht bedürfen, Sätze und Vorstellungen, wie viele Stellen in der Bibel und in der einfachen Lyrik, die an sich schon in einem verweilenden, beschaulichen Gemüt Leben gewinnen, und in einem

---

[1] Vischer, Ästh S. 1221.
[2] Wie unpassend und nüchtern die Bezeichnung Epitheton ornans ist, zeigt Vischer a. a. O. S. 1221.

solchen überall nur gewinnen können. „Es giebt einen Kreis von einfachen Empfindungen", sagt Gottschall[1]), „die in ihrer allgemein gültigen Sittlichkeit uns, wenn nur erwähnt, mit feierlicher Rührung erfüllen". Dazu kommt ein anderer Umstand: Die ganze Rede als solche kann, mit Ausschluss jeder praktischen Tendenz, Ausfluss einer rein ästhetischen Kontemplation sein, wie das besonders in der lyrischen Dichtung der Fall ist. Unter allen diesen Umständen wird daher eine besondere Veranschaulichungsfigur nicht bloss entbehrlich sein, sondern an vielen Stellen auch durch ihre Absichtlichkeit störend wirken können; doch wird Letzteres in etwas gemildert durch folgende Überlegung, die zugleich die Wirkung dieser sprachlichen Elemente von einer andern Seite illustrieren soll.

Alle Kunst beruht auf Anschauung; ästhetisches Geniessen ist Erkennen des Ideellen in und mit dem sinnlich Anschaulichen. Also Einheit von Ideellem und Realem d. h. das, was man Leben, Persönlichkeit nennt, ist das eigentliche Objekt der Kunst, — Persönliches im weiteren Sinne. Auch die ästhetische Landschaft, das Trinkgefäss und was man immer will, muss zu einem solchen lebendigen Persönlichen werden, wenn es Objekt des ästhetischen Geniessens sein soll[2]). — Der Auffassung des Gegenstandes nun als eines individuellen Persönlichen dient auch das ästhetische Epitheton, nicht bloss die Metapher, die ein Sinnliches vergeistigt oder ein Geistiges versinnlicht, nicht bloss die eigentliche Personifikation, sondern jedes ästhetische Epitheton, obwohl eins in höherem Grade, als das andere. Jedes dieser Epitheta giebt dem Gegenstand ein besonderes Kolorit, indem es ihn mit einer neuen Vorstellung verknüpft und bereichert. Die eigenartige Übertragung und Zusammenheftung zweier solcher Vorstellungen, die so gewissermassen eine lebendige Verbindung eingehen, enthält ein Etwas, das eine nicht leicht zu erklärende aber wichtige Rolle in dem Keimprozess unserer Vorstellungen spielt. Dazu kommt, dass das Entwickeln des Gegenstandes

---

[1]) Poetik I. S. 188.
[2]) Vgl. im allgemeinen die Ästhetik des nachkantischen Idealismus.

selbst, das ins Leben rufen schlummernder, erstarrter Eigenschaften und Kräfte den nun lebendigen Gegenstand der Natur eines individuellen Persönlichen näher bringt[1])? Gleichzeitig möge man sich des grossen Einflusses der verschiedenen sprachlichen Formen, der Formen der Thätigkeit und des Leidens, der Geschlechter von Substantiv u. s. w. erinnern. Das wogende Meer, der rauschende Wald, die Pfeile der Sonne braucht man nur auszusprechen, um darin das pulsierende Leben zu fühlen; aber auch das tiefe Thal, das blaue Meer und überhaupt das einfachste Epitheton kann eine solche Wirkung haben, sofern es eben ein ästhetisches ist und nicht als bloss differenzierendes praktischen Zwecken dient[2]). Im Wesen der Anschauung[3]) selbst liegt es, ein Individuelles, Lebendiges zu sein.

Etwas ganz Ähnliches wie in der Kunst der Sprache zeigt sich auch in der Musik und den bildenden Künsten. Die Ornamente in der Architektur, wofern sie überhaupt künstlerischen Wert haben, sind Verkörperungen der Eigenschaften des Bauwerks und der in dem Material schlummernden und verschlossenen Kräfte. Die vier nackten Wände einer Scheune geben allerdings auch eine Verkörperung der Schwerkraft und der Eigenschaft des Materials, aber wir kommen nicht zum Bewusstsein davon, weil wir in erster Linie auf den praktischen Zweck sehen — wie vorhin im Satz[4]).

[1]) Gottschall, a. a. O. S. 185: Der Genius im Centrum der Welt ... so überwindet er die Starrheit der Materie ... er bewegt die tote Welt. — Vergl. dazu auch Jean Paul, Ästh. S. 162: Vor der Phantasie stehen nie bleibende nur werdende Gedanken.

[2]) Vischer a. a. O. 1225: Zu diesem Gipfel der belebenden Veranschaulichung der Personifikation drängen nun die Formen des poetischen Ausdrucks und zwar eben auch die einfacheren mit aller Gewalt hin.

) als okjektives Gebilde gefasst.

' Vergl. Lotze, Gesch. d. Ästh. S. 450: Unterstützung und Druck wirkt in den Massen der Aussenwelt überall, aber erst die architektonische Phantasie bringt in dem scharfen Gegensatz geradliniger Träger von senkrechter und den Lasten von horizontaler Richtung oder in den bestimmten Curvenformen der Gewölbe diesen Gedanken der Wechselwirkung zu dem klassischen Ausdruck, der in der Natur selbst durch fremdartige Nebenumstände erstickt wird.

Aber die Form und Anordnung der Fenster in einem Gebäude, ihre Umrahmung, die Pilaster und was nur immer an Ornamenten da ist, macht mit einen Schlage alle Kräfte lebendig: und so fühlen wir das Streben und Lasten, das Binden und Stützen, kurz das ganze innere Sein und Wirken von Stein und Balken. Wie scharf wird das Emporstreben der dorischen Säule durch die einfachen Kannelierungen, ihre Tragfähigkeit durch den einfachen Echinus ausgeprägt. Die Arabesken an den Wänden unseres Zimmers entwickeln das Wesen der Fläche. Die Löwenklauen des Tischbeines, der aufgesperrte Rachen als Umrahmung einer hervorsprudelnden Quelle und unzählige andere Ornamente sind Entwickelungsfiguren und als solche Analoga zu den ästhetischen Epithetis in der Sprache. Ebenso verhalten sich die Accorde, die Mannigfaltigkeit der Instrumentierung, Variationsmotive u. a. in der Musik und die verschiedenartigsten Motive, welche ein Gemälde oder ein plastisches Kunstwerk von bestimmter Seite nüancieren und individualisieren. Auf das alles kann hier jedoch nur kurz hingedeutet werden, während auf Einzelheiten noch später zurückzukommen ist[1]).

Nach Betrachtung der Möglichkeit und der Art ihres ästhetischen Wirkens muss noch ein Blick darauf geworfen werden, wie die ästhetischen Epitheta aus der psychischen Natur des Sprechenden hervorgehen. — Neue Eindrücke werden erst unser Eigentum, wenn sie sich verbinden mit verwandten Vorstellungsgruppen, die bereits in unserm Besitze sind. Sie werden durch die frühern erklärt und finden, falls nicht auf konventionellem Wege ein besonderes Wort für sie gegeben, ihren sprachlichen Ausdruck, indem sie durch die uns vertrauten Wortbilder angedeutet werden. Es ist dies das auf dem Gesetz der Analogie beruhende Verfahren, welches unser ganzes

---
[1]) Vergl. hierzu Bötticher, Tektonik d. Hell. der verschiedentlich auf parallele Seiten in der Sprache hinweist, S. 37 ff.; ebenso Semper, Der Stil i. d. techn. u. tekt. Künsten; es sei gestattet, aus letzterem hier einige Zeilen herzusetzen: S. 7 sagt Semper: Ich glaube auch den Zeitpunkt nicht fern, wo die Fortsetzung der Sprachform und diejenige, welche sich mit den Kunstformen beschäftigt, in Wechselwirkung zu einander treten werden, aus welcher Verbindung die merkwürdigsten gegenseitigen Aufschlüsse auf beiden Gebieten hervorgehen müssen.

Denken und Thun beherrscht: ein ähnlicher Eindruck erweckt einen ähnlichen, von Ähnlichem wird auf Ähnliches geschlossen. Ein Kind, welches die Mutter zum erstenmal heiser sprechen hörte, sagte: Mutter, du sprichst ja heute so schwarz[1]). Kinder, denen man ein Instrument von nur entfernter Ähnlichkeit mit einer Puppe giebt, reden es unbedenklich als solche an. Im ersten Beispiel ist die Not die Veranlassung zur Methapherbildung, und hier wie im zweiten assoziiert sich der neue Eindruck mit einer naheliegenden, im Leben des Kindes geläufigen Vorstellung; die Figur kommt also zu stande auf Grund einer besondern subjektiven Disposition. Ohne viele Worte zu machen, setze ich hier noch ein triviales Beispiel her, das die Subjektivität der Vorstellungs-Verbindungen zeigt: ein Bauernjunge, der mit einem andern im Boot rudert, sagt zu ihm: was plätscherst du da, Schafe sollen heute nicht gewaschen werden. — Der Gegenstand kann nun ein ganz bekannter sein, der Eindruck aber, den er momentan macht, kann durch eine gewisse Seite desselben nüanciert oder verstärkt sein; dieses plus wird ein Verweilen veranlassen und zum sprachlichen Ausdruck drängen, sei es nun, dass die Sprache dafür eine besondere Bezeichnung bereits fixiert hat, sei es, dass es sein Abbild findet in irgend einem ähnlichen Eindruck, an den es erinnert. — In allen diesen Fällen ist der Grund zur Bildung eines veranschaulichenden Epithetons ein interessiertes Stehenbleiben bei dem Eindruck als solchem, — also ein specifisch ästhetisches Verhalten, sofern dieses sich auf singuläre Eindrücke und Anschauungen im Gegensatz zum objektiv-begrifflichen Vorstellen bezieht. Die Quelle der Veranschaulichungsfiguren oder der bildlichen Ausdrücke ist daher eine wie auch immer veranlasste lebhaftere oder eigenartige Affektion durch den Gegenstand.

Wo nun diese Figuren zu stande kommen, da sind sie eine Art Wiederholung des ursprünglichen Wortbildungsprozesses: Im Wort ist ein Objekt nach einer bestimmten Eigenschaft benannt, so heisst Mensch das Meinende, Denkende, Kind das Keimende u. s. w. Bei Bildung der ästhetischen Figuren

[1]) Lazarus, Leb. d. S. S. 131.

wird der Gegenstand nun nach einer für das Subjekt und für die besondere Situation gerade wichtigen Seite bestimmt; es ist also eine individuelle Neuschaffung der sprachlichen Bezeichnung. — Ohne an dieser Stelle darauf einzugehen, welche verschiedene Gestalt diese Neubildungen annehmen können, sei hier nur kurz darauf hingedeutet, dass die Sprache von jeher, indem sie diese Neuformen ihrem Wortschatze einreihte, sich bereichert hat und immerfort bereichern wird. Daher sagt Max Müller[1]) von der Hauptform der tropischen Veranschaulichungsfiguren: Die Metapher ist einer der mächtigsten Tragepfeiler in dem Gebäude der menschlichen Sprache. Wir können uns kaum denken, wie irgend eine Sprache ohne sie über die einfachsten Elemente hätte hinausschreiten können. In dem Geistesleben des Menschen wäre ohne Mitwirken der Metapher kein Fortschritt möglich. Und Jean Paul: Die Sprache ist ein Wörterbuch abgeblasster Metaphern.

Dass nun diese sprachlichen Entwickelungsfiguren das ästhetische Geniessen zu erhöhen geeignet sind, bedarf jetzt nur noch einer kurzen Erwähnung: sie veranlassen recht eigentlich erst die Entstehung des künstlerischen Objekts, nämlich das Anschauungsbild, und sie erreichen dies zweitens durch die angemessenste Anregung unsrer psychischen Thätigkeit, denn es erfreut, die Verwandtschaft, Ähnlichkeit, Zusammengehörigkeit zwischen den verschiedenen Vorstellungen zu erkennen, es erfreut, in souverainer Weise über die verschiedenen Vorstellungen und Gegenstände zu herrschen, und sie eigenmächtig in diese oder jene Verbindung zu bringen; „die Phantasie schwelgt in ihrem Kraftgefühle", sagt Brinkmann[2]), „das sich in diesem souveränen Beherrschen der Gegenstände, der Aussen- und Innenwelt kund giebt, sie weidet sich an ihrer eignen Schönheit, die ihr im Spiel mit der Mannigfaltigkeit und Schönheit der Welt zum Bewusstsein kommt", — Man hat in dem Spiel eine Quelle der ästhetischen Freude gesehen[3]). Ästhetiker wie

---
[1]) Vorl. üb. d. Wiss. d. Sprache, S. 334.
[2]) Die Metaph. u. s. w.
[3]) Vergl. Schiller. — Über das Psychologische auch Steinthal, von dem hier eine Stelle Platz finden möge: Ist aber der Mensch nichts weiter als Denker und Arbeiter, und wo bliebe das Gebiet des Gemüts

Hemsterhuis wollen diese Freuden erklären aus der grösseren Zahl der Vorstellungen, die gleichzeitig in der Seele lebendig sind. Aristoteles bemerkt, dass leichte angemessene Thätigkeit und Bereicherung unserer Kenntnisse gefällt. Alle diese Momente sind in dem ästhetischen Sprachbilde vereinigt. Der Kern aber ist immer: Anschauungen, sinnliche Bilder, Leben, dargestellt, in angemessner unsrer psychischen Natur angepasster Form. Das ist das Wesen der Kunst.

Es würde die hier gesteckten Grenzen weit überschreiten, wenn diese psychologische Untersuchung noch ausgedehnt werden sollte auf die besondere Natur und Färbung der sprachlichen Bilder in den einzelnen Individuen, den verschiedenen Ständen, Zeiten und Völkern. Von wie hohem Interesse und Nutzen aber eine solche Studie in Hinsicht auf Völker- und Menschencharakter sein müsste, sieht man leicht, denn wo wäre ein Element, das mehr den Stempel des Subjektiven trüge und das inniger mit dem psychischen Gesamtinhalt seines Autors verwachsen wäre? Das Wort le stil c'est l'homme gilt hier in besonders konkreter Fassung.[1]

und des Spiels? Wer möchte leben, ohne je zu spielen? (Einl. z. Spr.-Wiss.).

[1] Einige Arbeiten in dieser Richtung, obwohl meistens mit Betonung des eigentlich Linguistischen, mögen hier genannt werden:
Mützell, De translationum, etc. apud Curtium cf. oben.
Lingenberg, Platon. Bild. u. Sprichw. Köln 1872.
Hense, Poet. Personif. in griech. Dicht. Halle 1868.
Huber, Platon. Gleichn. Passau, Progr. 1879.
Rappold, Beitr. zur Kenntn. d. Gleichn. bei Äschylus, Sophocles, Euripides. Wien 1886.
Meyer, Vergl. u. Metaph. b. Molière. Marb. Diss. 1885.
Schürmeyer, Vergl. u. Metaph. b. Racine. Marb. Diss. 1886.
Arendt, Vergl. u. Methaph. b. Corneille. Marb. Diss. 1889.
Degenhardt, d. Metaph. b. d. Vorl. Molières. Marb. Diss. 1886.
Raeder, d. Trop. u. Fig. bei Garnier u. s. w. Kiel. Diss. 1886.
Stossel, d. Bild. d. altprovenc. Lyrik. Marb. 1886.
Arn Hirzel, Gleichn. u. Met. i. Rgveda u. s. w. Leipz. Diss. 1890.
Krupp, d Homer. Gleichn. Progr. Zweibrücken 1882.
Magdeburg, üb. Bild. u. Gleichn. b. Euripides. Danzig 1882 88.
Pott, Metapher u. s. w. Kuhn, Anfr. Zeitschr. Bd. 11) 1842.
Vergl. auch Brinkmanns Charakterisierung der Spanier nach Ihren Metaphern in seinem genannten Werke.

Zweites Kapitel.
Begriff und Einteilung.

Aus der psychologischen Voruntersuchung erhellt, dass alle die in Frage stehenden Veranschaulichungsfiguren darin übereinkommen, dass sie eine zweite Vorstellung mit einem bezeichneten Gegenstand verknüpfen, um demselben dadurch eine grössere Anschaulichkeit zu geben. Um letzeres zu erreichen, muss jene Vorstellung so gewählt sein, dass sie eine gewisse eigenschaftliche Seite des Gegenstandes zum Ausdruck bringt, ohne damit jedoch direkt dem Hauptgedanken des Satzes und dem praktischen Sachverhalt zu dienen. Wenn nämlich eine derartige direkte Beziehung auf die mitzuteilende Thatsache vorliegt, so haben wir es mit einer sachlichen und notwendigen Vorstellung zu thun und können natürlich nicht von einer Figur oder von einen ästhetischen Hilfsmittel sprechen. Diese stehen ebenso wie die phonetischen und rhythmischen Elemente ausserhalb des sachlichen, praktischen Satzes; sie richten sich nicht in erster Linie an das begriffliche Vorstellen, sondern an Gefühl und Einbildungskraft, sie wollen nicht das thatsächliche Satzverhältnis klarstellen, sondern haben den Zweck, die blassen Begriffsschemen des Wortes in konkrete farbige und lebendige Bilder der Anschauung umzuwandeln. Soll eine Definition dieser sprachlichen Figuren gegeben werden, so müsste man sie dahin bestimmen, dass sie gewisse Eigenschaften des Gegenstandes im Wort verkörpern und diesen Vorstellungskomplex als Mittel zur Veranschaulichung mit der Hauptvorstellung in Verbindung bringen. — Der Zusatz „zur Veranschaulichung" ist dabei gewählt, weil er in möglichster Kürze die ästhetische Tendenz der Figuren kennzeichnet.

Es entsteht nun die Frage, in welcher Weise kann in der Sprache eine Eigenschaft eines Dinges zum Ausdruck gebracht oder angedeutet werden? Die Antwort hierauf muss ein Einteilungsprinzip an die Hand geben. Das einfachste ist es, wenn die Sprache bestimmte Bezeichnungen für diese Eigenschaften hat, wenn man sie also nur mit ihrem eignen Namen zu nennen braucht. In diesem Falle bleibt der Darstellende völlig in der Sphäre seines Gegenstandes und entwickelt denselben aus sich selbst heraus. Diese Klasse könnte man daher passend als autosphärische oder innere Entwickelungsfiguren bezeichnen. Eine zweite Möglichkeit, die Eigenschaft hervorzuheben, ist dadurch gegeben, dass man sie in einem ähnlichen Gegenstande aufzeigt, d. h. dass man den Gegenstand auf Grund eben dieser Eigenschaft mit einem andern vergleicht. Damit kommen wir zu der zweiten Hauptklasse, den Vergleichsfiguren [1]).

Sieht man von dem später zu erwähnenden Fall ab, dass dem Wortinhalt aus sich selbst heraus Leben gegeben wird, so könnte es mit der gewonnenen Klassifizierung sein Bewenden haben. Doch empfiehlt es sich, noch einige weitere Einteilungen jener Klassen, welche aber als die fundamentalen festzuhalten sind, vorzunehmen. In dem Eindruck nämlich, den der Gegenstand auf uns macht, kann dominieren eine bestimmte Eigenschaft als solche — in dem engeren Wortsinne — oder ein bestimmter Teil des Gegenstandes, oder ein bestimmter Umstand aus seiner Umgebung und seinem Verhalten — kurz aus seiner gedanklichen Sphäre. So ergeben sich drei Arten von Entwickelungsfiguren: Qualitäts-, Partial- und Konnexepitheta. Bei der zweiten Klasse ist eine analoge Einteilung ohne praktischen Wert; hier ist das Vergleichsverhältnis als solches das eigentlich Wesentliche und Augenfällige, gleichgültig, ob es sich stützt auf Eigenschaften, die

---

[1]) Man könnte die Vergleichungsfiguren in Analogie- und Kontrastfiguren scheiden. Allein die letzteren sind aus mehreren Gründen nicht zu den rein ästhetischen Veranschaulichungsfiguren zu rechnen: einmal sind sie nicht epithetischer Art, und wenn dies, gehören sie zu den Episoden — sie bringen also keine Hilfsvorstellung zu dem Gegenstand hinzu, sondern betreffen die Art der Verbindung gegebener koordinierter Vorstellungen, so dass sie mit der Klimax und ähnlichen Figuren zusammenzustellen sind; dann dienen sie besonders in ihrer tropischen Form nicht direkt der Anschaulichkeit, sondern vor allem der besonderen Gemütsstimmung des Autors und zwar in Hinsicht auf das vorliegende praktische Sachverhältnis — (Ironie). Sie müssen daher, obwohl sie auch für das anschauliche Vorstellen nicht ohne Bedeutung sind, hier übergangen und in eine besondere Klasse gestellt werden. So nur kann für die Ästhetik etwas gewonnen werden, während das Vermischen der ungleichartigen Elemente nur zur Unklarheit führt und gerade bei den Figuren so oft geführt hat.

in den Dingen als Ganzen oder in ihren Teilen Ähnlichkeit aufweisen. Immer ist es ein Vergleichsverhältnis auf Grund gewisser paralleler Eigenschaften, und immer ist die sprachliche Form dieselbe, — oder besser die analoge. Einen weiteren Einteilungsgrund dagegen für beide Klassen giebt der Umstand, dass der zu veranschaulichende Gegenstand selbst genannt oder zweitens aus seinem Epitheton zu ergänzen ist, womit der Unterschied zwischen eigentlichen Epithetis und Tropen bestimmt ist. — Mit Berücksichtigung dieses dritten Moments erhalten wir folgendes Einteilungsschema der sprachlichen Veranschaulichungsfiguren:

	A. Innere Entw.-Fig.	B. Vergleichungs-Fig.
Epitheta:	Qual. Part.	Connex. Vergleich.
Tropen:	Periphr. Synekd.	Meton. Metaph.

Häufung der Epitheta führt zur ästhetischen Schilderung oder Beschreibung. Ein ausgeführter Vergleich wird zum Gleichnis; eine ausgedehnte Metapher zur Allegorie. An A schliesst sich die „konkrete Schilderung", an B die ästhetische Episode.

Es kann an dieser Stelle natürlich nicht wieder auf alle die früheren Klassifizierungen, — auf welche bereits der erste Teil dieser Arbeit hingewiesen — eingegangen werden. Nur einige Hauptmomente mögen hier kurz hervorgehoben werden:

1. Die gewöhnlichste und häufigste Einteilung ist die in Tropen und Figuren, und zwar werden unter Tropen gewisse Umnamungen von Gegenständen und Übertragungen von Begriffen in eine andere Sphäre verstanden, während Figuren der Hauptsache nach Änderungen in der gewöhnlichen Wortstellung und Verbindung wie Frage, Inversion, Asyndeton u. s. w. oder auch in der Wortform wie die Apokope u. dgl. bezeichnen. Das mag nun in sprachlich-grammatischer Beziehung ein nicht unpraktischer Gesichtspunkt sein, in ästhetischer ist er aber willkürlich und unfruchtbar, wie das auch die Klagen aller Ästhetiker bezeugen. — Es ist im vorigen Kapitel bereits gezeigt, dass ganz ähnlich wie die Tropen auch die Epitheta — im engeren Sinne —, der Vergleich und überhaupt die Figuren wirken, welche eine zweite Vorstellung zwecks Veranschaulichung mit einem Wortinhalte in Verbindung bringen. Denn letzteres

ist auch bei den Tropen das in ästhetischer Absicht Wesentliche: Der Tropus wird nur als Tropus und als ästhetische Figur empfunden, wenn er seinen Inhalt in den Dienst des zu veranschaulichenden Gegenstandes stellt, während er, sobald er selbständig und isoliert steht, d. h. sobald der Hauptgegenstand nicht mit vorgestellt wird, ein gewöhnliches Wort ist, wie alle andern. ´Würde bei der Synekdoche: zehn Segel erschienen am Horizont die Vorstellung „Schiff" nicht veranlasst, so wäre es eben ein gewöhnliches Wort und keine Synekdoche, keine ästhetische Figur. Und so ist es bei der Metapher, der Metonymie, überhaupt bei dem tropischen Ausdruck./ Wenn dies aber Thatsache ist, so wird man doch in keiner Weise umhin können, auch die übrigen Fälle, in denen eine eigenschaftliche Seite eines Gegenstandes hervorgehoben wird, in den Kreis der Betrachtung zu ziehen. — Durch die Metapher musste man notwendig auf den ihr zu Grunde liegenden Vergleich kommen, und dieser ist dann auch meistens mit den Tropen in Verbindung gebracht, bisweilen jedoch auch mit den Figuren, den Veränderungen der Stellung und Form, was, da die ästhetische Wirkung eine ganz analoge wie die der Metapher ist, von unserm Standpunkte aus als grund- und zwecklose Willkürlichkeit anzusehen ist. Zu gleichen Ungereimtheiten haben andere Umstände geführt: Die Periphrasis wird in der Regel — als Umschreibung des Gegenstandes — zu den Tropen gerechnet; das ihr zu Grunde liegende Epitheton, das von ganz ähnlicher Wirkung, wird entweder gar nicht angeführt oder mit den „Figuren", welche Klasse für alles Raum hat, zusammengeworfen. Welch eine Ähnlichkeit hat die ästhetische Deskription mit dem Asyndeton, mit der Inversion, der Ellipse und den zahllosen sonstigen Stellungsfiguren; und doch wird sie mit diesen in einem Atem hergezählt!/ Sagt man: der Geist der Empörung statt: das empörte Volk, so ist das nach Pölitz u. a. eine Hypallage und gehört zu den Figuren — den Figuren, wie sie bereits genügend charakterisiert sind; sagt man: die weinende Unschuld stand vor ihm, so ist das ein Tropus — Metonymie. — Der kühne Genueser statt Kolumbus würde als Antonomasie zu den Tropen zu rechnen sein; ist die Wirkung auf den Hörer eine erheblich andere, wenn man sagt: Kolumbus, der kühne Genueser? — Alle so gearteten Einteilungen haben keinen andern Ausgangspunkt, als die äusserliche Sprach- und Wortform, die von der „gewöhnlichen" irgendwie abweicht. — Es soll hier nun nicht in Abrede gestellt werden, dass die von jeher so abgegrenzten bewunderten Tropen namentlich die Metapher oft eine stärkere ästhetische Wirkung ausüben, als Vergleich und Epitheton, — obgleich das nicht immer der Fall[1]), — Thatsache ist zweifelsohne, dass die letzteren Veranschaulichungsmittel ebenso wie die Tropen eine neue Vorstellung zu dem bezeichneten Gegenstand hinzubringen und denselben durch diese Bereicherung malerisch heben und kolorieren. Das ist nicht der Fall, wenn einem Worte durch den Zusammenhang, durch Hintergrund, Folie und Kontrast seine Wirkung gesichert wird und auch nicht der Fall bei den Figuren der Stellung und Form der Wörter, sowie bei den phonetischen oder musikalischen Individualisierungsmitteln. Im allgemeinen kann man mit Gottschall den Unterschied dahin bestimmen, dass die erste Klasse auf Intuition, Anschauung, die letzteren aber auf Pathos, Lebhaftigkeit beruhen[2]).

2. Was die Einteilung in Qualitäts-Partial- und Konnexepitheta anlangt, so soll auf ihre Verschiedenheit weniger Gewicht gelegt werden, als auf ihre Zusammengehörigkeit. Nichtsdestoweniger dürfte durch diese Einteilung eine festere Basis für Umschreibung, Synekdoche und Metonymie gewonnen sein, als in den sonst üblichen Klassifizierungen. Besonders schwankend sind immer die Begriffe von Synekdoche und Metonymie gewesen. Vischer vertauscht beide[3]), Gottschall nennt die Synekdoche als Unterart der Metonymie. In den meisten Fällen wird ohne principielle Zusammenfassung aufgezählt: die Synekdoche setzt Teil fürs Ganze, Ganzes für einen Teil, Individuum für Gattung und umgekehrt, bestimmte Zahl für die unbestimmte, Singular für Plural u. dgl., während

---

[1]) Vischer behauptet sogar das Gegenteil a. a. O. S. 1226 ff.
[2]) Vergl. dazu jedoch Vischer, Ästh. S. 1220 ff.
[3]) Dadurch besonders scheint Gerber veranlasst zu sein zu dem Satz: Vischer ist, wo er auf die Tropen kommt, nicht zu brauchen.

unter den Begriff Metonymie alle sonstigen Vertauschungen — aus der Sphäre des Gegenstandes — fallen. Manche unterscheiden zwar[1]), die Metonymie beruhe auf einer Denkoperation, die Synekdoche aber auf der sinnlich wahrnehmbaren Anschauung; wonach dann z. B. Brot für Nahrung, Sterbliche für Menschen eine Vertauschung sein soll, die auf Anschauung, dagegen Eisen für Schwert, Pflug für Landwirtschaft[2]) eine solche, die auf einer Denkoperation beruht." Abgesehen davon, dass in diesen Beispielen Beyers eine solche Verschiedenheit keineswegs zu konstatieren ist, ist auch überhaupt in Hinsicht auf Veranschaulichungsfiguren aus jenen beiden Momenten kein Einteilungsprincip zu machen, da bei diesen stets Eindruck und Anschauung eigentliche Quelle und Ausgangspunkt sind, während Denkvermögen und Phantasie den Prozess — in grösserer oder geringerer Intensität — begleiten.

3. Die Einteilung nach dem dritten Gesichtspunkte ist nicht bloss der üblichen Bezeichnung der Tropen zu Liebe festgehalten, sondern sie ist geboten durch die besondere sprachliche Form und andererseits durch den in einiger Hinsicht veränderten psychologischen Vorgang.

4." Was sonst noch an sachlichen Figuren aufgeführt wird, wie Hyperbel, Pleonasmus, Personifikation, Anspielung u. a. ist in jenem Schema enthalten. Die Personifikation ist eine Metapher von besonderem Inhalt, sie überträgt nämlich die Natur des Persönlichen auf den Gegenstand. Ebenso bedingt bei der Hyperbel der besondere Inhalt den besonderen Namen, sie enthält eine durch irgendwelche exaltierte Gemütsstimmung veranlasste Übertreibung; das Umgekehrte ist der Fall bei der Litotes. Pleonasmus nennt man ein Epitheton, wenn es eine Vorstellung mit dem Gegenstand verknüpft, die eigentlich schon implicite mit jenem gedacht wird, — natürlich kann ein solches Epitheton doch in ästhetischer Hinsicht

---

[1]) Vergl. Beyer, Gerber u. v. a.

[2]) In dem angeführten Beispiel: der Pflug ist's, der den Kaiser wieder stärken muss, vertritt übrigens Pflug die zu Grunde liegende Anschauung: die pflügenden, arbeitenden Landleute —, nicht die Landwirtschaft.

richtig sein. — Die Sermocination ist eine Art von Personifikation. Wenn die Vision als sprachliche Figur angeführt wird, wie das häufig geschieht, so müsste auch die Fabel, Parabel, Mythologie u. s. w. in diesen Bereich gezogen werden. Die Allusion ist ein angedeuteter Vergleich. — Alle diese und verschiedene ähnliche Figuren enthalten noch ein plus, das auf Rechnung der Stimmung, der psychischen Disposition oder des besonderen Inhalts zu setzen ist. Das was sie aber zu ästhetischen Veranschaulichungsfiguren macht, wird dadurch nicht tangiert. Sobald man von anderen Gesichtspunkten aus die sprachlichen Elemente betrachtet, können jene Figurengruppen von grosser Bedeutung sein. Hier aber, wo es sich nur um die Veranschaulichung als solche handelt, muss das Berücksichtigen derartiger Nebenumstände notwendig den Einblick in das Wesentliche verhindern oder doch stören. Das Zusammenwerfen aller möglichen verschiedenartigen Figuren allein macht es erklärlich, dass immerfort, trotz der zahllosen Untersuchungen, die das Thema betreffen, über Unzulänglichkeit und Verunstaltung dieser Lehre geklagt wird.

5. An die Klasse A schliesst sich, wie bereits erwähnt die konkrete Schilderung, d. h. die Bezeichnung eines allgemeinen umfangreicheren Vorstellungsinhaltes durch einen oder einzelne hervorstechende Züge z. B. statt zu sagen: es war Herbst u. s. w. konkret: rötlich glänzte das Laub am Weinstock und Ähnliches; oder statt „ewig" und „immerwährend": so lange die Flüsse fliessen, und das Gras wächst und Sonne und Mond die Erde erleuchten. — Mit der zweiten Klasse steht die ästhetische Episode in Zusammenhang: wenn z. B. Homer nach der Schilderung der Schlachtgräuel dabei verweilt, einen Vergleich auszuspinnen, und uns so eine ganze traulich-friedliche Familienscene vor Augen führt[1]). Wir sehen dann noch einmal das vorhergehende Gemälde, aber in wärmeren Farbenakkorden, gleichsam überflutet von dem milden, versöhnenden Lichte der Abendsonne. — Wir haben es hier also ebenfalls mit Individualisierungen zu thun, nur zeigen dieselben eine höhere Selbständigkeit, als die Tropen und

---

[1]) II. 10.

Epitheta. Ein weiterer Schritt führt zum Sprichwort, zur Fabel, Parabel und — zum Kunstwerk. Sie sind die natürlichen Fortsetzungen jener Konkretionsfiguren, sofern auch sie einen Gedankenkomplex von bestimmter Seite verkörpern und in ein anschauliches Bild verwandeln. Das Kunstwerk ist gleichzeitig Teil und Beispiel — Gleichnis — des allgemeinen Gedankens; aber es ist in Bezug auf diesen ein Flüchtiges, Vergängliches wie alles Konkrete und Individuelle. Alles Vergängliche ist nur ein Gleichnis.

6. In allen den Fällen, wo von einer Veranschaulichungsfigur gesprochen wird, haben wir es mit einer besonderen Hilfsvorstellung zu thun. Nun kann aber eine solche sekundäre Vorstellung auch in dem Worte selbst ins Leben gerufen werden, indem die sinnliche Seite in seinem Inhalt, die nach und nach blasser geworden ist, wieder accentuiert wird. Dadurch wird in dem Wortinhalt gleichsam eine konkrete, farbige Stelle aufgezeigt, von der aus sich die Phantasie den Gegenstand konstruieren kann. Auf das Nähere einzugehen, würde jedoch zu weit von dem hier vorgezeichneten Wege abführen. Ich verweise auf die trefflichen Bemerkungen bei Jean Paul[1]) und führe aus Lazarus[2]), Leben der Seele folgende Stelle an: „Die Wörter, an denen die ursprünglich sinnliche Bedeutung noch irgendwie zu erkennen ist, in eben diesem Sinne zu gebrauchen... kann man geradezu als Bedingung eines guten Stils ansehen. Die sinnliche, also die phantasieanregende Seite der Wörter, welche durchschnittlich wie eine latente Kraft in ihnen liegt, muss durch den Gebrauch und die Verbindung frei werden."

7. Zwischen den ästhetischen Veranschaulichungsmitteln der Sprache und denen der Architektur findet ein genauer Parallelismus statt: Der Gruppe A entsprechen die linearen Ornamente, der Gruppe B die Ornamente organischer Natur. Erstere entwickeln gleichsam die Eigenschaften des Materials aus sich selbst heraus, letztere enthalten ausser der Verkörperung der Eigenschaft noch ein weiteres Moment, sofern sie wie die Metapher eine an sich selbständige Vorstellung in

[1]) Vorsch. d. Ästh. Progr. XIV.
[2]) S. 198.

den Dienst des zu Veranschaulichenden stellen: man denke an die Voluten der ionischen Säule, an die Akanthusblätter, Blumengewinde und Ähnliches; sie enthalten alle noch ein gewisses „Überragendes", das jedoch, wofern es künstlerisch wirken soll, zur Individualisierung des Ganzen beitragen muss. Von diesen metaphorischen Ornamenten ist nur ein Schritt zu den grösseren Vorstellungsmassen, die wie die ästhetische Episode in den Dienst des Ganzen treten. Wie die eingestreuten Bilder Homers die ganze Scene unter besondere Beleuchtung bringen, so wirken die wunderbaren Reliefs am Tempel zu Pergamon, so schafft Raffael die lieblichste Umrahmung mit seinen humorvollen Arabesken in der Sixtina, so heben und bereichern das Ganze Michelangelos Genien und Eckfiguren. Am häufigsten ist diese Art Individualisierung im Gemälde, wo die einzelnen Momente und Motive dem Ganzen einen besonderen Charakter geben: in der Landschaft eine Ruine, ein Turm, eine Möwe, die über dem Wasserspiegel fliegt, ein Adler, der in den Wolken schwebt, ein Boot, das am Flussufer schaukelt u. s. f. Dasselbe gilt für Genre, Porträt, Plastik und von den Variationen und Intermezzos in der Musik. — Die Kunst ist wie im Ganzen so durch und durch im Einzelnen Individualisierung.

Dass es wie in der Kunst überhaupt, auch bei Bildung der ästhetischen Sprachfiguren ein blosses Nachbilden giebt, das nicht auf ursprünglicher Empfindung beruht, bedarf keiner Erklärung.

Drittes Kapitel.

Ästhetik.

Ich stelle hier einen Satz aus Hillebrands Litterar-Ästhetik[1]) an den Anfang: „Man muss die Figuren, um ihre wahre Bedeutung in Absicht auf den sprachlichen Kunststil festzuhalten, somit sie überhaupt ästhetisch zu beurteilen und anzuwenden, zum Teil von gewissen einzig und allein aus dem logischen Gesichtspunkte zu nehmenden Sprachgestaltungen

[1]) S. 78.

wohl unterscheiden: so z. B. die Deskription als eigentliche — ästhetische — Redefigur und als logische Verdeutlichung." Nicht die epithetische und tropische Form eines sprachlichen Ausdrucks als solche bedingt die ästhetische Wirkung. Sie ist an sich indifferente Form; nur ihr Inhalt kann auf Vorstellungs- und Anschauungsvermögen eine Wirkung ausüben. Bevor nun über diesen Inhalt und die innere Beschaffenheit der sprachlichen Figuren bestimmte Regeln aufgestellt werden, ist es notwendig, noch einmal in aller Kürze und Schärfe ihre Funktion klar zu machen:

1. Die ästhetischen Sprachbilder haben den Zweck, im Hörer einen möglichst ähnlichen Eindruck zu erwecken.
2. Der Eindruck hängt innig zusammen mit der Anschauung.
3. Es wird also nur Aussicht sein, einen konformen Eindruck zu machen, wenn das Anschauungsvermögen in angemessener Weise in Thätigkeit gesetzt werden kann.
4. Das geschieht, indem mit dem zu veranschaulichenden Gegenstande gewisse Vorstellungen in Verbindung gebracht werden, die nicht Bezug haben auf das thatsächliche, vom Begriffsvermögen perzipierte Sachverhältnis.
5. Dagegen müssen diese Vorstellungen zu dem beabsichtigten Eindruck Beziehung haben, was allein in der Weise geschehen kann, dass sie auf gewisse Stellen und Eigenheiten an dem Gegenstande hinzeigen, die dann Ausgangspunkt für die Gestaltung der Phantasie werden.

Das ist das Wesentliche für diese Art Veranschaulichungsfiguren, und nur von hier aus können sichere Vorschriften bezüglich ihrer Beschaffenheit gewonnen werden.

Die erste Forderung, die die Loslösung der Vorstellung von dem praktischen Satzinhalt betrifft, hat, wie das erste Kapitel gezeigt hat, ihren Grund in der Natur unseres Denk- und Anschauungsvermögens und ihrer Beziehung zu einander. Durch diesen Umstand allein werden wir veranlasst, von besonderen sprachlichen „Figuren" zu sprechen. Wie sehr daher auch diese oder jene einfache, figurenleere Rede auf das Anschauungsvermögen wirken mag, so hat die vorliegende Betrachtung es doch allein mit dem besonderen Hilfsmitteln der Sprache in Hinsicht auf anschauliche Vorstellung zu thun, — und zwar mit denen gedanklicher oder besser inhaltlicher Art. Dass diese in epithetischer und tropischer Form auftreten, hat das vorige Kapitel gezeigt. — Der in der vierten obigen Bemerkung betonte Umstand enthält also nur den Erklärungsgrund für die Bildung besonderer ästhetischer Figuren überhaupt, und die folgende Untersuchung kann sich darauf beschränken, die Frage zu beantworten: welche Beziehung müssen die Hilfsvorstellungen zu dem in Rede stehenden Gegenstande haben?

Die erste notwendige Forderung ist die, dass das Epitheton auf eine wirkliche Stelle hinzeige, d. h. auf eine Eigenschaft und Farbe, die dem Gegenstande in Wirklichkeit zukommt. Es ist in die Augen fallend, dass dies Moment der Wahrheit die conditio sine qua non ist. Sobald es hier mangelt, handelt es sich nicht mehr um vernunftgemässe Mitteilung; ein Fehler in diesem Sinne ist daher die eigentliche Sünde wider den Geist der Sprache und des Denkens. Die helle Kühlung, der fliessende Frühling, das schwärzeste Licht sind solche Absurda[1]). Der silberne Mond, das tapfere Schwert, die Wogen der Meinungen dagegen enthalten keinen Verstoss gegen die Forderung der Wahrheit, denn obwohl man sehr bestimmt weiss, dass der Mond in Wirklichkeit nicht silbern und das Schwert in Wirklichkeit nicht tapfer ist, so deuten doch jene metaphorischen Beiwörter auf thatsächliche Eigenschaften an den Dingen hin und sie entsprechen durchaus unserm momentanen Empfinden und Affiziertsein, haben also — subjektive und damit die überhaupt mögliche — Wahrheit. — Nun kann jedoch diese subjektive Beziehung der

---

[1]) Man vergleiche hiermit die störenden Motive in den bildenden Künsten wie die angeklebten Pilaster und Schnörkel aller Art; oder ein konkretes Beispiel: die in klafterlangen roten Ziffern auf dem Dache der Rostocker Nikolaikirche prangende, weithin sichtbare Jahreszahl — eine nicht bloss überflüssige, sondern auch äusserst störende architektonische Zugabe.

beiden Vorstellungen eine so einseitige oder ungewöhnliche sein, dass trotz aller Wahrheit in dem Hörer kein Bild entsteht, weil eben das Verständnis fehlt. Damit kommen wir zu der zweiten Grundforderung: Die Hilfsvorstellung muss eine derartige sein, dass ihre Verbindung mit dem Gegenstand dem Hörer — nach seinem ganzen psychischen Verhalten — nicht bloss eine mögliche, sondern auch angemessene Arbeit ist. Also wie beim Kunstwerk überhaupt, so gelten auch hier die beiden Forderungen: 1. Wahrheit — Wirklichkeit-Leben —; 2. Angemessene Form, d. h. solche Darstellung, Anordnung und Verbindung, dass es dem Betrachtenden nach seiner physisch-psychischen Organisation möglich ist, ohne grosse Mühe die „Idee" zu erkennen. So wenig es nun erreicht ist, für die Kunst Regeln aufzustellen, mit deren Hülfe jedem einzelnen Kunstwerk a priori die bestimmten Grenzen und Formen vorgeschrieben werden könnten, so wenig wird es bei Mitteln der Kunst, wie sie hier in Rede stehen, erreicht werden können. Nicht bloss die Verschiedenheit des menschlichen Fühlens und Denkens wird dem eine Schranke entgegensetzen, sondern auch die Natur der Sache selbst, sofern nämlich das Verhältnis jener beiden Vorstellungen durch den Inhalt bedingt wird — den Inhalt, der in jedem einzelnen Falle verschieden, also im ganzen unermesslich und durch kein allgemeines Princip fassbar. Man nehme, sagt Herder[1], ein und dasselbe Gleichnis und wolle es in einem mathematisch-philosophischen Buch, oder in einer Rede, einem Lehrgedicht, einem Liede .... anwenden. Sagt uns nicht der innere Sinn, dass an keinem dieser Orte das Bild ausgeführt werden könne wie am andern? Verfolgt man diese Verschiedenheit ... so sehe ich nicht, was für allgemeine Regeln jedes besonderen Falles übrig blieben, ausser sofern sie im Begriff des Allgemeinen selbst und in der Natur des Bilderdichtenden Verstandes durch eine innere Notwendigkeit gegeben sind: Wahrheit, Lebhaftigkeit, Klarheit. Es sind dies also die angegebenen Momente: Wahrheit und angemessene Form der Darstellung. In Bezug auf letztere mögen nun die

[1] Zerstreute Blätter III, 101.

beiden Klassen der Veranschaulichungsfiguren noch näher betrachtet werden.

1. Die inneren Entwickelungsfiguren. Was zunächst die grammatische Form des Qualitätsepitheton anlangt, so liegt es in der Natur dieser Figur, dass sie in erster Linie als attributives Adjektiv auftritt. „Die Eigenschaftsbestimmung tritt wesentlich als Zusatz hinzu, sagt Vischer[1]), nicht als das durch die Copula zu vermittelnde Prädikat . . . es handelt sich nicht um die Aussage, . . sondern um eine Entwickelung des Subjekts an sich für das innere Schauen." Natürlich wird ein verbaler Vorgang ein adverbiales Epitheton haben. Häufig findet sich die Eigenschaft in Substantivform, wie das Grau der Wolken und Ähnliches; selten dagegen als prädikatives Zeitwort, denn dieses lässt sich nicht wohl mit dem specifisch Eigentümlichen dieser Figuren, nämlich dem Isoliertsein von dem Satzganzen, in Einklang bringen. Soll das Verbum als Figur wirken, so wird es metaphorischen Charakter haben müssen, da es nur so, unabhängig vom praktischen Satzinhalt, eine Vorstellung mit rein ästhetischer Tendenz in den Dienst des anzuschauenden Gegenstandes stellt.

— Partial- und Connexepitheta stehen im allgemeinen in substantivischer Form und bilden in vielen Fällen mit dem Hauptnomen Composita — wie auch die Qualitätsepitheta —: Blumengefilde, Fichtenhain[2]).

Von den Epithetis wie von den übrigen Veranschaulichungsfiguren gilt die Forderung, dass sie Farbe in die Vorstellung des Gegenstandes bringen. Damit ist natürlich nicht gesagt, dass sie möglichst krasse, augenfällige Verhältnisse an demselben malen sollen; sie müssen vor allem mit dem Eindruck, dessen Darstellung der eigentliche Zweck der Sprache ist, harmonieren.

Sorgsam brachte die Mutter des klaren herrlichen Weines
In geschliffenen Flaschen auf blankem zinnernem Runde,
Mit den grünlichen Römern, den echten Bechern des Rheinweins.
(Goethe.)

---

[1]) Ästh. S. 1221
[2]) Es ist augenscheinlich, dass derartige Komposition nicht immer ästhetische Figuren sind, sondern häufig rein differenzierend — in prakt. Hinsicht.

oder:
> Schwermutvoll und dumpfig hallt Geläute
> Vom bemoosten Kirchenturm herab.
> (Hölty.)

Um den Eindruck einfacher Epitheta zu verstärken, greift der Autor häufig zur Wiederholung oder zu einem zweiten und dritten Beiwort:
> Und hohler und hohler hört mans brausen.
> (Schiller.)

Oder wie Aeschylus das weite Weltmeer schildert:
> In des weitbahnigen, sturmwallenden Meeres umschäumtem
> Wogenhain.

Ein Zuviel in dieser Hinsicht kann indes hinter dem einfachen Epitheton in der Wirkung zurückbleiben, denn das Wesen der ästhetischen Figuren, wenn sie auch schildernd sind, liegt doch nicht in der Aufzählung aller möglichen Eigenschaften eines Dinges; es würde durch solches Beschreiben die eigentliche schaffende Thätigkeit der Phantasie gelähmt werden: eine gewisse farbige, handgreifliche Stelle, nicht mehr — das Übrige fügt die selbstbildende Phantasie hinzu.

> Droben stehet die Kapelle
> Schauet still ins Thal hinab,
> Drunten singt bei Wies' und Quelle
> Froh und hell der Hirtenknab.
> (Uhland.)

Hier sind zwei feste, farbige Punkte; aber wer wird nicht sofort die ganze Landschaft in ihrem Zusammen, in voller Farbe und Beleuchtung sehen, weit lebendiger, als wenn Baum und Strauch und Berg und Flur im einzelnen geschildert wären? Es ist selbstverständlich, dass diese Andeutungen sowohl für die konkrete Schilderung, wie für die verschiedenen Epitheta und deren Isolierungen gelten.

> Mitten liegt in dem Meer ein Eiland schroff von Geklippe
> (Homer)

giebt ein anschauliches Bild. Eine Vermehrung der eigenschaftlichen Züge würde nur abschwächend wirken. Doch kommt alles auf die Art der Vorstellungen und der Empfindung an.
„Die Begeisterung giebt oft wie die Liebe eine süsse Über-

fülle (von Bildern) ein", sagt Jean Paul[1]). Man nehme irgend ein Lied zum Preise des Vaterlandes, der Geliebten, des Weines: unerschöpflich strömen dem Dichter die Bilder und Epitheta zu. — Um ein Bild von der Höhe und Grösse des Allmächtigen zu geben, sagt Hagedorn:

> Herr und Vater aller Wesen, aller Himmel, aller Welt,
> Aller Zeiten, aller Völker, ewiger Herr Zebaoth!

Doch ist gewiss, dass ein einfaches: Mein Herr und mein Gott! dieselbe oder gar grössere Wirkung thun kann, sobald der ganze Zusammenhang die Vorstellung in ihrer hehren Grösse und Unvergleichlichkeit empfinden lässt. Es giebt nur eine Vorschrift: subjektive Wahrheit! Ist die sprachliche Figur Ausfluss der Empfindung, so ist sie wahr, natürlich, denn die Empfindung ist immer wahr. Das ist die Kardinalregel, auf welche immer zurückzukommen ist. In ihr ist auch die Forderung enthalten, dass die Hilfsvorstellung harmoniere mit der ursprünglich und mit ihrer Umgebung kurz, dass sie aus der Mitte der Situation und Stimmung genommen sei. Im Nibelungenlied (v. 929) heisst es:

> do viel in die bluomen der Krimhilde man.

Man setze dafür: „zur Erde" oder „ins Gras"! — Nicht bloss ein lebendiges, anschauliches Bild malt die Synekdoche dieses Nibelungenverses; in ihr ist ein Empfindungsinhalt verkörpert, der die wunderbarste Wirkung auf unsere Phantasie ausübt: in die Blumen sinkt der Held, der noch eben so voll jugendlichen Lebens und blühender Kraft, — in die Blumen, die lichten Kinder der Sonne, die so bald hinwelken und sterben — das vergängliche und das immer neu spriessende Leben, alles verkörpert in diesem Bilde. — Jede Veranschaulichungsfigur, sofern sie mitten in den Kern und das Leben des Gegenstandes trifft, sofern sie also in ästhetischer Betrachtung wurzelt, hat in ihrer Wirkung Ähnlichkeit mit jenem einfachen und doch wunderbaren Nibelungenbilde. Indem er dies vor Augen hatte, sagt Jean Paul[2]) von den ästhetischen Epithetis: Die Beiwörter, die

---

[1]) Vorsch. d. Ästh. II, 176.
[2]) a. a. O. II, 161.

rechten und sinnlichen, sind Gaben des Genius; nur in dessen Geisterstunde und Geistertage fällt ihre Säe- und Blütezeit." Sie sind das Ergebnis intuitiven Schauens und rein ästhetischer Kontemplation, wie blitzartig und ungesucht sie auch zu stande kommen mögen, — oder vielmehr weil sie so zu stande kommen, denn das Beste in jeder künstlerischen Schöpfung ist Ausfluss unbewussten Gefühls- und Empfindungslebens[1]). — In solchem rein ästhetischen Schauen nun liegt alles. Jean Paul führt eine Stelle aus Thümmels Reisebeschreibung an: Bald fuhr der Amorkopf eines rotwangigen Jungen zu seinem kleinen Fenster heraus, bald begleiteten uns die Rabenaugen eines blühenden Mädchens über die Gasse; hier kam uns der Reif entgegengerollt, hinter dem ein Dutzend spielender Kinder hersprangen u. s. f." Das ist einfach; aber es ist geschaut, und so zum Ausdruck gebracht, dass es wieder geschaut wird. Goethes Lyrik, warm und lebensvoll, ist reich an solchen wunderbaren ästhetischen Farben:

>Auf der Welle blinken
>Tausend schwebende Sterne,
>Weiche Nebel trinken,
>Rings die türmende Ferne.

oder im „Herbstgefühl" von den Trauben am Rebengeländer:

>Euch brütet der Mutter Sonne,
>Scheideblick, euch umsäuselt
>Des holden Himmels
>Fruchtende Fülle;
>Euch kühlet des Mondes
>Freundlicher Zauberhauch u. s. f.

Mit den einfachsten Beiwörtern, wie mit zusammengesetzten und neugebildeten trifft Goethe in die Mitte der Sache und so malt er konkrete, lebensvolle Gestalten. Wie kräftig und sinnlich frisch seine neugebildeten Epitheta sind, mögen noch einige Beispiele zeigen: morgenschön, wellenathmend, angerquicklich, lampenhelle, marmorblass, flügeloffen u. v. a. Man

---

[1]) Über das hier nur kurz Angedeutete zu vergleichen im allgemeinen die neuere idealistische Ästhetik; spez. Schopenhauer. W. a. W. u. V. B. III dazu: Du Prel Psych. d. Lyr. u. a.

vergleiche damit die kraftvollen Bilder Homers: das pfadlose Meer, die dunkle Erde, die hauptumlockten Achaier, der langhinstreckende Tod.

Jean Paul sagt, wie die gewöhnliche Sprache sinnenfällige Beiwörter: blutrot, feuerrot, kreideweiss etc. habe, so solle auch die poetische Diktion sich solcher konkreten Bezeichnungen bedienen, auch die höhere Sprache dürfe in ihre Schattenrisse Farben tropfen lassen, anstatt Flügel der Zeit sage man besser Falken- oder Schwalbenflügel der Zeit. Bei Goethe finden wir zahlreiche Beispiele hierzu. Doch gehören diese Epitheta, so fern sie auf Grund einer Vergleichung zu stande gekommen sind, bereits in die zweite Klasse unserer Veranschaulichungsfiguren, und die Hauptregeln dieser haben auch für sie Geltung.

Alles bisher Gesagte gilt, wie für die Epitheta, so auch für die auf ihnen beruhenden Tropen: Periphrasis, Synekdoche und Metonymie; insbesondere, dass eine Seite an dem Gegenstand gezeigt werde, die in der betreffenden Situation richtig, also von wirklicher Bedeutung für den subjektiven Eindruck. Man wird sagen: es erschienen zehn Segel am Horizont, nicht aber: zehn Segel sind untergegangen. Die römischen Adler (oder Waffen) waren siegreich, nicht aber: die römischen Helme, Ein Geschenk von lieber Hand, nicht: von lieber Brust. Ferner sind bei diesen tropischen Formen sprachliche Ausdrücke zu vermeiden, die, obschon sie einen wirklichen und auch bedeutsamen Teil des Gegenstandes bezeichnen, doch Vorstellungen wach rufen, die den Eindruck des Ganzen zu stören geeignet sind. Im Lateinischen ist velum nicht als Synekdoche für navis zu verwenden; würde bei uns die Bezeichnung „Segel" mit dem Begriff „Tuch" etwa identisch sein, so könnte man mindestens daran zweifeln, ob eine Synekdoche in obigem Sinne möglich wäre. Das Nähere jedoch über die Sphären der einzelnen Wortinhalte und ihrer Verbindung wird am besten bei Gelegenheit der Metapher untersucht.

2. Die Vergleichsfiguren. Wird wie in Vergleich und Metapher ein neues selbständiges Bild zu dem Gegenstand hinzugebracht, so wird dies nicht bloss eine Seite des Gege-

standes wirklich abbilden müssen, sondern die Forderung der Wahrheit erstreckt sich hier natürlich auch auf das Bild selbst, es muss auch an und für sich selbst mit der Welt der Erscheinungen und Thatsachen übereinstimmen, es muss historische Wahrheit haben, wie Güthe[1]) sagt. Ein Schauspieldichter, dem der Ruhm seines Helden gleich dem Polarstern auf- und niedergeht, verstösst gegen das Gesetz der historischen Wahrheit. Wenn aber Güthe aus demselben Grunde tadelt: O der Spinne, so ihr Gift aus jeder Rosenknospe zu saugen, und: Gott, eine Perle unter Kieselsteinen! so stehen diese Bilder doch nicht wie das erste in Widerspruch mit der historischen oder naturwissenschaftlichen Wahrheit, es liegen ihnen immerhin mögliche Vorkommnisse in der Natur zu Grunde. Wenn derartigen Bildern, die eine gewisse zufällige Wahrheit haben, eine allgemeine zugeschrieben wird, so ist das allerdings als Fehler anzusehen, wie im folgenden Beispiel: Wir ermunterten ihn, nicht zu vergessen, dass Ameisen und Hornisse am liebsten an den Denkmälern edler Männer nagen. Ein „auch" oder „oft" würde das Bild möglich machen. — Wenn nun Güthe hieran allgemeine Regeln knüpft, wie: Fehlerhaft ist, wenn einem wirklichen Gegenstande eine Wirkung zugeschrieben wird auf einen bildlichen Ausdruck, wenn ein Bild auf ein Bild eine solche Wirkung äussern soll, wenn ein Bild in eigentlicher und uneigentlicher Bedeutung zugleich gebraucht wird u. dergl., so können derartige Regeln in ihrer Allgemeinheit doch nicht bestehen. Warum soll man in gewisser Stimmung nicht sagen können:

Her das Geheimnis aus dem Herzen, oder
Ich reiss heraus dein Herz und such es dort!

oder: das traurige tote Meer der Reichtümer des Herrn L.

---

[1]) Üb. d. wirkl. u. scheinb. Fehler der bildl. Darstellung, insbes. d. Metaph., eine philos. Abhandl. von J. Güthe 1841. Gottschall sagt über diese Schrift: sie enthält manches Beherzigenswerte, obgleich sie sich auf zu feine Distinktionen einlässt und in ihren Rechtfertigungsgründen des scheinbar Verfehlten zu weit geht. Obwohl letzteres in hohem Grade der Fall ist, will ich doch die zunächst folgenden Sätze an Güthes Abhandlung anknüpfen, da die einzelnen Momente, die hier eben zu betrachten sind, auch in seiner Schrift Berücksichtigung finden.

wurde in den Händen seines Sohnes eine lebendige Gesundheitsquelle! Auch das letztere Beispiel dürfte doch gegen G's Tadel zu verteidigen sein, da die beiden Vorstellungen immerhin einige Verwandtschaft zeigen. Würde statt Quelle etwa stehen: wurde zu einer blühenden Pflanze, so wäre der Abstand allerdings zu weit. Durch derartige Vorschriften, die ohne Princip aufgezählt und nicht aus dem Begriff und der Natur der Sache selbst hergeleitet sind, wird in den Händen engherziger Kritiker nur Unheil angerichtet; so sind häufig die schönsten Bilder Shakespeares auf Grund solcher eng gefassten Regeln bekrittelt und verunglimpft worden. Herder, Jean Paul, Vischer u. a. weisen diese schulmeisterliche Unfehlbarkeit in ihre Grenzen.

Güthe fährt dann fort: Wenn die Ähnlichkeit fehlt, so ist das ein Verstoss gegen das Moment der Wahrheit. Es kann aber auch fehlerhaft sein, wenn die Ähnlichkeit eine bloss äusserliche oder zu geringe ist, so dass sie dem Hörer erst durch mühsame Reflexionen erkenntlich ist. Fälle dieser Art sind: a) wenn das Bild aus dem Gebiet eines anderen Sinnes entlehnt ist, als aus dem des Gesichts, von welchem der zu erläuternde Gegenstand wahrgenommen wird." — Der Gesichtssinn ist der schärfste, daher werden Epitheta, die aus der Sphäre anderer Sinne entnommen sind, im allgemeinen nicht geeignet sein, einen Gegenstand der Anschauung zu verdeutlichen. Jean Paul will daher lieber das Beiwort „fernere" Töne als leise. Besonders betont auch Wackernagel[1]) dieses Verhältnis der Sinne. b) wenn der Gegenstand, selbst nicht aus der Sphäre des Gesichtssinnes, durch ein Bild aus diesem Kreise soll erläutert werden, — eine bildliche Kühnheit, die man gewöhnlich Katachrese nennt. — Alles entscheidet hier indessen der Sprachgebrauch, d. h. das Verhältnis der beiden Vorstellungs- und Begriffssphären; das Wort ist als lebendiger Organismus zu behandeln, der betrachtet sein will im Zusammenhang mit der ganzen Ideenassoziation, die in einem Volke und seiner Sprache bei Gelegenheit dieses Vorstellungskomplexes akut war. — Herder sagt: Der Geschmack blüht

---

[1]) Poetik u. s. w. S. 376 ff., vergl. auch Cicero, de or. III, 38.

und zeigt damit, dass dies Bild so gut möglich ist wie: der süsse Wohllaut, die fernen Töne u. a. Dass Objekte des inneren Sinnes durch Bilder des Gesichtssinnes illustriert werden, ist die gewöhnlichste und häufigste Erscheinung. Pläne schmieden, Flügel der Liebe, Sonne des Ruhmes sind anschauliche Bilder. Man sagt aber nicht etwa: Pläne meisseln; ein Blick in die russig-schwarze Werkstatt des Schmieds mit der roten Feuerglut in der Mitte lehrt, wie sehr diese Scenerie mit jenem geheim — verschlossenem Seelenvorgang in Einklang steht. Flügel der Liebe, nicht Flügel des Zorns, Sonne des Ruhms, nicht Mond oder dergl. Wie natürlich! Aber in diesen einzelnen sprachlichen Bildern liegt eine ganze Ästhetik, sobald all die zarten Ideenbeziehungen und Nüancen, die hier durch einander spielen, studiert werden. — Blair sagt mit Recht von der Metapher: um mit ihr eine rechte Wirkung zu erzielen, wird ein sehr feiner Pinsel erfordert, denn die kleinste Nachlässigkeit kann nur Dunkelheit und Verwirrung stiften." Wird eine Metapher in eine andre Sprache übertragen, so ist das kein äusserlicher Tausch, sondern das Ersatzwort ist auf seinen ganzen Umfang und gedanklichen Zusammenhang hin zu prüfen und vergleichen, falls das Bild nichts von seiner Schönheit und Eigenart verlieren soll. — e) Nicht genügend ist die Ähnlichkeit, wenn die Metapher einem dem Hörer unbekannten Gebiete entnommen ist. — Hier wie in den übrigen Fällen zu geringer Ähnlichkeit kann jedoch das Bild durch Hinzufügung erklärender Beiwörter möglich gemacht werden.

Den bisher erwähnten Forderungen des Verstandes stellt Güthe die der Phantasie gegenüber: sinnliche Anschaulichkeit, sinnliche Wahrheit, Neuheit Indem ich von den dort gegebenen Distinktionen absehe, will ich nur auf die Hauptmomente hinzeigen: 1. sinnliche Anschaulichkeit: Um sie zu erreichen sind in erster Linie die reiz- und farblosen Bezeichnungen, die der Verstand gebildet hat, zu vermeiden. Er sank unter wie Blei, ist ein kräftiges Bild; wollte man setzen: wie Metall, so wäre die ganze sinnliche Frische dahin. Alle Wortbildungen, die wegen ihres begriffsmässigen Inhalts als unpoetische bezeichnet werden, gehören hierher: Unerfahrenheit, Unfleiss, Nichtachtung, verstorben, bewerkstelligen u. dgl., besonders auch die attributivischen Komperativformen [1]), ferner die Fremdwörter, an denen man nicht die Wurzel und die sinnliche Seite erkennt. — Ein zweites Hindernis sind für das anschauliche Vorstellen die sogenannten empfindsamen Gleichnisse, die Naturgegenstände durch abstrakte Begriffe verdeutlichen wollen; „die Sonne quoll hervor wie Ruh aus Tugend quillt"; Kant lobt dies Gleichnis noch, Vischer sagt: wir haben heute nur ein Lächeln dafür. In der That macht dieses reflexionsmässige Verhalten den Dingen gegenüber jedem naiv-ästhetischen Schauen den Garaus. Schillers Lyrik ist zum grossen Teil Ausfluss einer solchen moralisch-reflektierenden Stellung zu der Welt; es möge hier ein Beispiel stehen:

> Ehret die Frauen, sie flechten und weben
> Himmlische Rosen ins irdische Leben,
> Flechten der Liebe beglückendes Band
> Und in der Grazie züchtigem Schleier,
> Nähren sie wachsam das ewige Feuer
> Schöner Gefühle mit heiliger Hand.

Es sollen allerdings die Empfindungen des Menschen in die Gegenstände hineingetragen werden — das ist Poesie und — Wahrheit, aber eben Empfindungen, und keine Gedanken und Reflexionen. — Allgemein sind alle Zusätze, welche dem Gegenstand keine konkrete Farbe verleihen, sondern irgendwelche begrifflichen Verhältnisse an ihm zeigen oder auch mit ihm unvereinbare Farben enthalten, nicht im Sinne der Anschaulichkeit; so: vorteilhaftes Licht, statt glänzendes, helles; das Kleeblatt, bestehend aus ... bestieg den Turm u. a.[2]). Die Phantasie wird durch derartige Zusätze nur von der konkreten Stelle abgelenkt;

---

[1]) Vergl. Jean Paul a. a. O. II. S. 157. — Es sei hier auch auf das Unpoetische von Ausdrücken wie: einigermassen, teilweise, sofern, gewissermassen u. s. w. hingewiesen. „Sie legen sich wie Mehltau auf den poetischen Zusammenhang, sagt Vischer. Die Anschauung will Konkretes, Positives. Wird die Metapher von jenen Ausdrücken begleitet, so wirkt sie matt und kalt.

[2]) Die speziellen Regeln Güthes an dieser Stelle passen nur für seine eignen Beispiele und haben in ihrer allgemeinen Fassung keine Gültigkeit.

diese aber ist ihr eigentliches Lebenselement: Aus der zitternden Hand des Greises empfangen; im Arm des Schlafes ruhen; das Auge der Mutter sieht, ist konkreter und darum anschaulicher als Greis, Mutter, Schlaf allein. Dass Metaphern, die eine Vorstellung von weiterem Umfang für den Gegenstand setzen, trotzdem die stärkste Wirkung auf das Anschauungsvermögen ausüben können, steht hiermit nicht in Widerspruch. In: „Sein Jahrhundert war ihm zum grössten Dank verpflichtet" bringt die Metapher zu der ohnehin zu Grunde liegenden Vorstellung Land und Leute, noch ein neues Moment hinzu, das die Einbildungskraft anregt. Im übrigen ist hier auf das erste Kapitel zu verweisen.

2. Sinnliche Wahrheit: Güthe hat dazu die Bemerkung, die bildliche Handlung solle nicht nur sinnlich denkbar, sondern auch darstellbar sein durch Pinsel oder Meissel, als Bild oder Gemälde, Figur oder Gruppe. — Es kann hiermit jedoch nichts anderes gemeint sein, als dass die Vorstellungen in ihrer Verbindung eine natürliche Einheit bilden sollen, und dass nicht ein Verhältnis herauskomme, welches mit dem Thatsächlichen und mit unserm Empfinden in Widerspruch steht. Es fällt im ganzen also diese Forderung mit der anfangs ausgestellten zusammen, wonach das Bild als solches nicht im Konflikt mit der Wahrheit stehen darf. Wenn das hier nochmal betont wird, so geschieht das besonders im Hinblick auf die verschiedenen Züge und Bilder, die mit einem und demselben Gegenstande verbunden werden. Der Kugel Saat pfeift; sein Herz stiess nie an einen Stein; der Keim eines Talents, dessen Quelle sinnlich ist; das süsse Joch der Saiten, das bewältigt, trifft und heilt. Hier sind solche unvereinbare Züge; die Bilder haben weder thatsächliche noch Empfindungswahrheit. Wenn aber Homer von seinem Helden sagt: er schreitet daher wie die Nacht, so hat das subjektive Wahrheit; ebenso die Bilder: der See rast, das Feuer der Augen, der Schleier der Wahrheit. Aber wer wird sie darstellen wollen mit Feder und Pinsel? Wer wird die Bilder Ossians malen wollen, die von höchster Schönheit aber ohne alle Plastik sind? Wenn er von einem Helden sagt: Im Frieden gleichst du den Auen des Frühlings, im Winter dem

Sturm, der vom Gebirg in die Ebene hinabstürzt: oder: der Sohn Ossian, schön wie die Strahlen der Sonne; oder: Weine über die Felsen der brausenden Ströme, o Mädchen von Inistor! Neige dein holdes Haupt über die Wellen, die du schöner bist, als der Geist der Hügel, wenn er am Mittage im Sonnenstrahl über Morvens einsame Gefilde dahinschwebt. — Unendlichen Reichtum an solchen Bildern, denen alle Plastik und Thatsächlichkeit fehlt, die aber von subjektiver (Empfindungs-) Wahrheit sind, hat die orientalische Poesie. Das Hohelied Salomons könnte hier vom ersten bis letzten Vers angeführt werden[1]).

3. Neuheit: Es folgt aus der Natur der Sprache, dem allmählichen Verblassen häufig gebrauchter Ausdrücke, dass die sprachlichen Bilder eine gewisse Neuheit zeigen müssen. Diese Forderung ist stets von den Rhetoren aufgestellt worden. Nun können aber bildliche Ausdrücke, die Jahrtausende alt sind, immer noch eine kräftige Wirkung thun, wenn der Autor ihnen einen Zusatz oder eine subjektive Färbung giebt. „Vom Besser-schildern ist nicht die Rede, sagt Herder[2]), denn die Wahrheit war zu allen Zeiten dieselbe; dass jeder wahrnehmende Mensch aber einen Gegenstand eigen schildern kann, als ob er noch nicht geschildert wäre, darüber dünkt mich sollte kein misstrauender Zweifel walten.

Bei den meisten namentlich älteren Rhetoren wird eingehend eine weitere Forderung behandelt, nämlich die, dass die Metapher nicht gegen das Schickliche, Anständige, Geziemende verstossen solle. Versteht man darunter, dass die Metapher nicht Dinge bezeichne, die in guter Gesellschaft nicht den Gesprächsstoff bilden, — vergl. Ciceros: nolo stercus curiae dici Glauciam, Or. III, 41 — so ist das etwas allzu Selbstverständliches, als dass man darauf noch extra

---

[1]) Vergl. zu diesem Moment der sinnlichen Wahrheit Eberhards Abh. über einige Schwierigkeiten der korrekten Schreibart (Neue Bibl. d. schön. Wiss. XXV. S. 14). Die Hauptregel, sagt E., ist: dass die bemerkbaren Nebenideen, die den Hauptbegriffen eines Satzes ankleben, sich nicht widersprechen müssen. So kann man sehr wohl sagen: sich auf Hoffnungen lehnen, doch nicht: auf Aussichten lehnen u. s. f.

[2]) Zerstreute Blätter III. S. 104.

hinweisen müsste. Meint man damit, dass die Metapher nicht sogenannte hässliche Dinge vorführe — und so wird es von den Alten besonders verstanden — so ist es eine derartige Forderung nach unserer Auffassung vom Wesen des ästhetischen Geniessens hinfällig. Was sollen das für hässliche Dinge sein? Es giebt keine an sich hässlichen Dinge. Der geringfügigste Gegenstand, sofern er Anteil hat an und durchströmt wird von den Kräften, die das ganze Universum beleben, ist so gut wie der erhabene imstande unserer ästhetischen Kontemplation die Zauber und Wunder der Welt zu offenbaren. Das sollte ein trivialer Satz sein, und doch findet man so oft die Vorschrift, die Metapher solle nicht hässlichen Dingen entnommen sein. Shakespeare vergleicht ein helles menschliches Auge mit dem glänzenden Auge der Kröte; bei Homer, im Nibelungenlied, im alten Testament finden sich Vergleiche eines Helden mit einem Eber, Esel u. dergl. Nun ist das heute allerdings nicht mehr statthaft und würde mit Recht getadelt werden, aber nicht weil jene Lebewesen von spezifischer Hässlichkeit sind, sondern weil sich mit den Wortbezeichnungen allerlei Nebenvorstellungen assoziiert haben, durch den Gebrauch derselben als Schimpfwörter u. dergl. Das Wachwerden dieser Nebenvorstellungen würde dem beabsichtigten Eindruck zuwiderlaufen und eine Disharmonie veranlassen. Gelingt es indes jene Assoziationsvorstellungen in den Hintergrund zu drängen und den Gegenstand rein als ästhetisches Objekt schauen zu lassen, so würde nichts hindern, ihn auch an ernster Stelle in Vergleich und Metapher zum Ausdruck zu bringen: es sei hier nur an das ebenso rührende wie erhabene Bild der Bibel erinnert von dem Schaf, das zur Schlachtbank geführt wird und seinen Mund nicht aufthut und verstummet vor dem Scheerer. Gerade diese Zusätze sind bedeutsam, denn sie zeigen das rein ästhetische Bild in der Seele eines schlichtfrommen Gemüts. So entscheidet die Auffassung alles, und es giebt keine Dinge, die an sich unpassend wären für metaphorische Bilder und Vergleiche. Der eigentliche Kern der Forderung des Schicklichen lässt sich dahin bestimmen: der Vorstellungsinhalt der Metapher darf nicht Nebenvorstellungen erwecken, die dem adäquaten Eindruck des Hauptgegenstandes störend entgegenwirken. Gegen diesbezügliche Fehler kann nur schützen genaue Kenntnis des Sprachgebrauchs, Kenntnis des gebrauchten Wortes in allen seinen Beziehungen und Lebensäusserungen. — Nicht weil der Abstand der beiden Sphären ein zu grosser, wird man ein Bild wie: Schminke der Morgenröte tadeln, sondern weil bei der ersteren Bezeichnung Nebenideen ins Bewusstsein treten, die mit dem Eindruck, den doch diese Naturerscheinung auf das Gemüt machen soll, kontrastieren. Nicht weil die Grössenverhältnisse zwischen Berg und Warze zu sehr differieren, wie Hillebrand will — wird ein Vergleich zwischen beiden unschicklich sein, sondern weil alles, was bei der Bezeichnung Warze gedacht wird, ungeeignet ist, den ästhetischen Eindruck jenes landschaftlichen Bildes zu heben, — gewisse öde und barocke Bergmassen mögen durch den Vergleich veranschaulicht werden können. Das Bild Homers, wo er das Gewühl der Kämpfenden mit einem aufgeregten Ameisenhaufen vergleicht, bewundern wir — wir blicken gleichsam von einem hochgelegenen Standort aus auf die kleinen, schwachen Menschen herab — das Bild steht vor uns in seiner ganzen ästhetischen Reinheit und Abgeschlossenheit[1].

Eine weitere gewöhnliche Vorschrift ist die, der Vergleich soll nicht allzu sehr ins Einzelne gehen, nicht zu weit ausgesponnen sein, die ästhetischen Farben sollen nicht zu verschwenderisch aufgetragen werden. Wo zu viele und verschiedenartige Farben und Gegenstände auf uns eindringen, werden wir verwirrt und abgespannt wie in einer Gemäldegallerie. Die mannigfaltigen Gestalten und Bilder würden die Seele so vollauf beschäftigen, dass der gedankliche Inhalt der Rede wirkungslos dastehen würde — eine natürliche Folge der Enge des menschlichen Bewusstseins und Vorstellens. Allgemeine Regeln fixieren zu wollen, wie zahlreich die Epitheta sein und wie weit die Bilder ausgeführt sein dürfen,

---

[1] Natürlich liegt in derartigen Grössenbeziehungen keine Disharmonie wie in dem realen Missverhältnis von Last und Stütze, Mittel und Zweck. Vor dem geistigen Auge der Phantasie verschwinden alle relativen Grössenunterschiede.

wäre ungereimt, — das ist nach dem bisherigen hinlänglich
klar. Hier entscheidet die jeweilige Stimmung, die stets den
grössten Einfluss auf die Bildungen der Phantasie ausübt. —
Dass unrichtige, d. h. an der betreffenden Stelle unrichtige
Gegenstände und Vorgänge ohne ästhetische Farben bleiben,
liegt in der Natur der Sache. Nur die Hauptpunkte sollen
geschaut werden; das genügt, um dem Erkennen und Verstehen festen Grund und Boden zu geben[1]).

Ohne hier bei den verschiedenartigen Charakteren und
subjektiven Gemütsstimmungen, die für die Bildung der Veranschaulichungsfiguren von Bedeutung sind, zu verweilen, will
ich nur kurz das Gebiet des Komischen berühren. Güthe,
indem er nach einer Erklärung sucht, warum alle Arten des
Komischen die Gesetze des Verstandes, der Phantasie und
des Gefühls mit Vorliebe übertreten, fasst seine Baobachtung
dahin zusammen: die eigentliche Lösung dieser Frage verdanken wir lediglich der Einsicht in das Wesen des Humors.
Es ist eben auch das Unzureichende, das Mangelhafte, mit
einem Wort das Endliche dieser Vorschriften, die für ihren
Zweck — die Vollkommenheit der ernsten Darstellung — im
allgemeinen ganz genügend sind, bei einer völlig andern
herrschenden Stimmung der Seele aber sogleich in ihrer Unzulänglichkeit erkannt werden." Die Komik gefällt sich in dem
Ungewohnlichen, Überraschenden, Unerwarteten. So sind ihr
alle soeben getadelten Eigenschaften der sprachlichen Bilder
die liebsten: wenn das Epitheton eine Seite hervorhebt, die
für die momentanen Umstände belanglos oder von Kontrastwirkung, wenn durch das sprachliche Bild eine thatsächliche
Wahrheit auf den Kopf gestellt wird, wenn durch Vergleich
und Metapher Gegenstände zusammenfallen, die aufs krasseste
disharmonieren u. dergl. Die Komik spielt dem gewöhnlichen
Denken und Empfinden einen Streich: was in der gewöhnlichen Welt oben ist, zeigt sich unten, was unten, oben
um hiermit kurz anzudeuten, dass in all ihrem krausen Gebaren doch „System" ist. Weiter hierauf einzugehen, ist an
dieser Stelle nicht Veranlassung.

[1]) Vergl. damit die Gegenstände im Vorder- und Hintergrund
eines Gemäldes.

So grosse Wirkung auch die sprachlichen Bilder als solche durch ihren blossen Inhalt auszuüben vermögen, so erreichen sie doch das Höchste erst, wenn sie in angemessener Weise durch die übrigen Individualisierungsmittel unterstützt werden: wenn das Phonetische und Rhythmische der Sprache in gleicher Richtung wirkt, wenn die Vorstellungen in Umgebung und Hintergrund von günstigem Einflusse sind[1]). Von welchem Gewicht diese letzteren Hilfsmittel der Rede sind, zeigen u. a. die tropischen Schimpf- und Schmeichelnamen, deren ganze Wirkungskraft in ihrer Volltönigkeit beruht. Einige Beispiele mögen die Durchkreuzungen verschiedener Individualisierungsmotive illustrieren:

> Was ist Weisses dort am grünen Walde?
> Ist es Schnee, — er wäre weggeschmolzen,
> Wärens Schwäne, — wären weggeflogen!
> Ist kein Schnee nicht, es sind keine Schwäne,
> 's ist der Glanz der Zelte Asan Aga.

oder:

> Auf dem Bachstrom hängen Weiden,
> In den Thälern liegt der Schnee,
> Trautes Kind, dass ich muss scheiden,
> Tief im Herzen thut mir's weh.

oder:

> Rollt der Donner? oder bebt die Erde?
> Nicht der Donner ist es, noch die Erde,
> Die Kanonen krachen in der Feste.

Auch die Anfänge der Volkslieder gehören hierher: es steht ein Baum, es stand eine Linde u. s. f. — Will die Seele ein Stück ihres Gefühls- und Empfindungslebens in die Sprache hineinlegen, so bedient sie sich aller dieser Hilfsmittel, — so lässt sie die Worte tönen und klingen, so bringt sie Blut und Leben in ihren erstarrten Körper, und alles ist in den Neubelebten Wirken und Thun, Beziehungen hinüber und herüber.

Ihren höchsten Ausdruck findet diese ganze Beweglichkeit und Farbenpracht der Sprache naturgemäss in der poetischen Darstellung, deren Quelle die volle und ganze Seele ist. Der

---

[1]) Die Figuren der Vorstellungsverhältnisse bedürfen einer eingehenden Untersuchung. Kontrast, Steigerung, synonymische Beziehungen u. a. gehören dahin.

Verstand will in seinen Ausführungen keinen Empfindungsinhalt abbilden; seine Epitheta und Vergleiche sind nicht unmittelbarer Ausfluss eines subjektiven Empfindens, sondern dieselben verdanken ihre Entstehung und Beschaffenheit der Reflexion — in der Hauptsache; denn scharf auseinanderschneiden lassen sich die einzelnen seelischen Kräfte überall nicht: auch der Reflexion liegt Anschauung zu Grunde, auch das poetische Bild hat Beziehung zu dem Denken. Bilder, die sich an den anschauenden Verstand wenden, findet man in jeder prosaischen Darstellung; ich setze einen bekannten Ausspruch Kants hierher: Hume brachte kein Licht in diese Art Erkenntnis, aber er schlug doch einen Funken, bei dem man wohl ein Licht hätte anzünden können, wenn er einen empfänglichen Zunder getroffen hätte. — Zu unterscheiden von diesen aus der Anschauung fliessenden und auf das Anschauungsvermögen wirkenden Bildern sind die blossen Umnamungen, metonymischen Kürzungen, sowie alle für das begriffliche Denken differenzierenden Zusätze — mögen sie die Form des Epitheton oder des Tropen haben: Homer lesen, einen Praxiteles entdecken, einen Straduarius besitzen, die Handschrift A und die Station N. Allen derartigen Bezeichnungen fehlt wie den abgeblassten Metaphern das jeder Entwickelungsfigur Wesentliche, nämlich konkrete Farbe aus dem angeschauten und anschaulich darzustellenden Gegenstande.

Die ästhetischen Entwickelungsfiguren, um es zum Schluss noch einmal zusammenzufassen, haben den Zweck, Farbe und Gestalt in die schattenhaften Züge des Wortbildes zu bringen. Woher sie auch immer diese Farben entlehnen — das ganze Gebiet der Erfahrung steht ihnen offen, — stets haben sie unmittelbare Beziehung zu den Dingen und so versetzen sie in unmittelbare Nähe der Dinge; so helten sie, über wie weite Gefilde sie auch die Einbildungskraft führen mögen, fest das Auge des Geistes auf den Boden, aus dem allein ihm Nahrung und Lebenskraft erwächst: auf die konkreten individuellen Bilder „unserer" Welt.

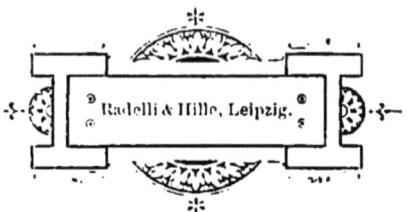